PET FASHION DESIGNER

저자 두민지

우리집 댕댕이
펫데렐라 만들기

반려동물과 반려인의
마음을 사로잡는
**펫 라이프스타일
디자이너 되기**

반려인들의
펫 라이프스타일을 디자인하는
펫패션 전문가가 알아야 할

A to Z

강아지옷 만들기"
기초를 탄탄히!! 펫패션 전문가
STARTER 과정

펫패션이론＋미싱사용법＋강아지옷패턴＋옷만들기 실전
이것만 모두 익히면 앞으로 할 수 있는 디자인은 무궁무진!
기본 디자인부터 응용디자인까지 꼭! 익혀야하는 디자인기술

형설 eLife

프롤로그

2013년 크리스마스, 우연한 만남으로 슬픈 눈으로 저를 바라보던 아기 웰시코기 한마리에게 마음을 빼앗겼습니다.

크리스마스의 만남을 기념하여 노엘이라 이름 지은 강아지 한 마리가 제 인생의 방향을 이렇게 크게 바꿔놓을지 그때는 꿈에도 알지 못했습니다.

저는 대학에서 의상학을 전공하고 큰 규모의 패션회사들에서 나름 괜찮은 경력을 쌓아가던 8년차 디자이너였습니다. 노엘이와의 만남으로 지금은 사람 옷이 아닌 강아지 옷 디자이너로 9년차 경력을 쌓아가고 있으니 참 인생이란 알 수가 없습니다.

사랑스러운 미소를 가진 노엘이는 사실 겁이 많고 예민한 성격의 아이입니다. 다른 강아지들과도 잘 어울리지 못해 매장에 함께 있을 때에도 손님들에게 짖음이 심해 불편을 끼치는 불량직원이지요.

만지는 것도 안아주는 것도 싫어하는 제멋대로인 녀석을 보며 때론 섭섭하기도 하지만 힘든 하루를 보낸 날에는 집에 돌아가 노엘이를 안고 폭신한 털에 얼굴을 묻으면 불편한 기색이 역력한데도 위로해주겠다는듯이 꾹 참고 가만히 제 품을 내어주는 츤데레 노엘이를 사랑하지 않을수 없습니다.

그렇게 노엘이는 언제나 가장 가까이에서 제 이야기를 들어주고 가장 큰 위로가 되어주는 존재가 되었습니다.

펫데렐라프로젝트는 사업의 성공을 목표로 시작한 브랜드는 아니였습니다.

그저 사랑하는 노엘이와 더 많은 시간을 함께하고 노엘이에게 가장 좋은것, 편안한것, 잘어울리는것들을 만들어주고 싶었던 마음으로 시작하게 된 것이었죠

올해로 펫데렐라가 9년째를 접어드니 노엘이도 이제 9살이 되었습니다.

그 사이 저는 한 아이의 엄마가 되었고 아이를 키워보니 아이를 키우는 마음과 반려동물을 키우는 마음이 조금도 다르지 않다는 것을 더욱 느끼게 되었습니다.

나의 아이에게 더 좋은 것을 먹이고 입히고 싶은 마음, 누구보다 행복하게 해주고 싶은 엄마의 마음.

그마음이면 충분합니다.

손재주가 없어도 괜찮습니다.

　우리 아이들에게 필요한 것, 좋아하는것, 싫어하는 것은 세상 어떤 전문가보다 보호자인 여러분이 가장 잘 아니까요.

　여러분이 사랑으로 만들어준 무언가는 분명 우리 아이들에게는 세상에서 가장 좋은 선물이 될 것입니다.

　펫패션디자이너는 예쁜 강아지 옷을 만드는 사람이 아닙니다.

　이 책을 읽는 여러분들이 옷을 예쁘게 만드는 디자이너 보다 반려동물의 마음을 이해하고 그들에게 꼭 필요한것을 개발하는 연구자, 그들과 함께하는 행복한 반려생활을 디자인하는 펫패션 디자이너가 되길 바랍니다.

　그리고 사랑하는 존재를 위해 무언가를 만들고, 삶을 공유하는 기쁨을 느껴보시길 바랍니다.

　출판을 준비하며 부족한 저에게 도움을 주신 모든 분들에게 감사의 인사를 전합니다.

　좋은 기회를 주신 형설출판사, 국제패션디자인학교와 응원해준 가족과 친구들.

　그리고 특별히 예상보다 길어진 출판 작업으로 인해 상품운영이 원활하지 못했던 기간에도 애정으로 기다려주시고 오히려 응원해주신 사랑하는 펫데렐라 프로젝트의 고객님들께 진심으로 감사의 마음을 전합니다.

　지금 우리곁에 있는 반려동물과의 하루하루가 너무나 귀하고 소중합니다.

　그들과 함께하는 여러분들의 삶이 더욱 아름답고 행복해지길 진심으로 바랍니다.

2022년 2월 두민지.

추천사

먼저 국제패션디자인 직업전문학교 교수이시며, 반려견 의류 브랜드 펫데렐라 디자이너이신 두민지 교수의 노고에 감사드립니다.

현재 국내 반려 인구는 약 1,400만으로 추산되며, 반려동물을 가족처럼 돌보는 이들이 늘면서 펫 관련 산업을 뜻하는 '펫코노미(Pet+Economy)'는 낯설지 않은 단어가 되었습니다. 반려 인구 증가로 관련 산업도 꾸준한 성장세를 이어왔고, 집에 머무르는 시간이 늘고, 사람 간 교류가 어렵게 된 코로나19 사태는 이런 추세를 더욱더 부추겼습니다. 최근에는 반려동물을 사람처럼 대하는 '펫 휴머니제이션(Pet Humanization)' 현상도 확산되고 있습니다. 이에 따라 반려동물을 위한 펫 패션디자인은 반려동물과 반려인의 교감을 충족시키고 일체감을 만들어 낼 수 있는 좋은 책이라 생각됩니다.

개, 고양이 등 반려동물을 진심으로 사랑하는 사람들은 이미 반려동물을 가족 구성원으로 여깁니다. 함께 사는 반려동물에게 좋은 옷과 음식은 물론 그들이 즐길 수 있는 놀이 기기 그리고 건강을 위해 엄청난 신경을 씁니다. 이러한 욕구를 만족시킬 수 있는 펫 패션 디자이너는 반려동물의 신체적 특징을 이해하고 반려동물의 옷을 직접 디자인, 제작하여 반려동물의 옷 소품 등을 기획 제작하는 방법을 통해 자격증 취득도 가능하며, 새로운 사업 영역을 개척할 수도 있습니다.

이 책의 저자인 두민시 교수는 대학에서 의상학을 전공하고, 대기업 디자인실에서 오랫동안 근무하신 경력과 펫 패션디자인의 오랜 경력을 지니고 있습니다. 이는 인체의 이해와 더불어 반려견의 이해는 물론 인간과 반려견의 상호 공감대를 나눌 수 있는 조형감각으로 따뜻한 디자인을 만든다는 생각입니다.

이 책을 통해 국내 반려동물을 사랑하는 많은 반려인들이 직접 옷을 디자인하고 만들어 입혀봄으로써 반려동물 산업의 활성화와 반려 가족으로서 함께 한다는 자긍심을 느낄 수 있게 되기를 기대해 봅니다.

국제패션디자인 전문학교　대표　**신 우 철**

목차

5강 강아지 옷 패턴의 이해 ·· 65

삼각 스카프   p.98

기본 나시티   p.102

라글란 티셔츠   p.106

올인원   p.112

우븐칼라소매티셔츠   p.120

폼폼방울 후드티셔츠 p.126

리버시블 누빔조끼 p.132

이지핏 체크코트 p.138

우븐원피스 p.146

스쿨룩 p.156

Chapter 1

펫패션 디자인의 이해

    펫패션 디자인을 일반적으로 반려동물의 옷 또는 반려동물의 옷을 만드는 기술이라고 단순하게 생각하기 쉽다.

    물론 펫패션 디자이너가 되기 위해서는 반려동물의 옷을 만드는 방법과 기술을 기본적으로 알아야 한다. 하지만 사람의 '패션' 역시 '패션=옷'이라는 단순한 개념이 아니듯 펫패션을 이해하기 위해서는 펫패션의 상위개념인 사람의 패션 의복의 본질적 기능과 의미를 먼저 이해하는 것이 중요하다.

    먼저 패션을 연구하는 학문인 의류학과 패션디자인의 개념을 통해서 펫패션 디자인이 무엇인지 그리고 패션과 펫패션 디자인은 어떠한 차이가 있는지 알아보자.

1. '의류학'과 '패션디자인'

　사람의 패션을 연구하는 학문에서 '의류학'과 '패션디자인'을 같은 의미로 이해하는 경우가 많지만 큰 의미에서 둘은 조금 다른 개념의 학문이다.

　의류학과 패션디자인의 개념과 정의를 통해 패션산업 안에서의 펫패션 디자인의 본질과 가치를 이해할 수 있다.

의류학

🐾 의류학의 개념 및 정의

　의류학(衣類學, apparel study)은 가족(인간)과 환경의 상호작용을 연구하는 생활과학(family ecosystem)의 개념 속에서 **의복이라는 매개를 통한 인간과 환경의 상호작용에 관해 연구하는 학문**이다. 의류학의 분류를 살펴보면 의류학이 그동안 우리가 알던 패션의 개념보다 더욱 넓은 범위의 개념임을 알 수 있다.

🐾 의류학의 분류

- **디자인 분야: 패션디자인**, 의복구성, 직물디자인, 일러스트레이션, 디스플레이, 머천다이징 등
- 인문과학 & 사회과학 분야: 복식사, 복식미학, 의상사회심리 등
- 자연과학적 분야: 섬유공학, 봉제과학 등

패션디자인

🐾 패션디자인의 개념 및 정의

　의류학의 분류에서 볼 수 있듯이 **패션디자인**(fashion design)은 의류학의 하위분류에 속하는 학문으로 옷과 장신구에 관한 **디자인 및 미학 응용 분야**이다.

　곧, 우리가 일반적으로 생각하는 예쁘게 만드는 것에 관한 학문이다. 예쁘게 디자인하는 것도 물론 중요하지만 패션디자인이 반드시 갖춰야하는 특성들이 있다.

🐾 패션디자인의 특성

• 예술적 특성

패션디자인은 소비자의 심미적 가치와 심리적 요인을 충족시켜야 하므로 예술적 성격이 강하다. 패션디자인의 경쟁력을 결정짓는 중요한 요인중의 하나는 소비자의 감정적 트랜드를 파악하고 이를 디자인으로 표현할 수 있는 정보해석능력과 예술적 표현이 중요하다.

• 실용적 특성

패션디자인의 실용성은 인간생활 활동의 편리를 위한 요소이며 기능에의 적합성이다. 옷의 기능성이 뛰어나면 당연히 실용성이 높아지나, 반대로 기능성이 떨어지면 실용성이 저하될 수 있으므로 옷의 기능은 신체 각 부위의 활동성을 향상시킬 수 있어야 한다. 즉 아무리 예술성이 뛰어난 옷이라 할지라도 최소한의 기능성을 갖추었을 때 옷으로서의 역할을 제대로 할 수 있다.

• 기술적 특성

패션디자인은 소비자의 감성적 욕구를 충족시키기 위해 아름다움을 중시해야 한다. 하지만 실제로 인체에 착용하기 때문에 여러가지 기술적이 부분이 뒷받침되어야 한다. 또한 착용 목적에 따른 기능성뿐 아니라 심미적인 기능성도 고려해야 한다.

* 참고문헌 : 학문명백과 : 예술체육 / 김주원 교수

2. '펫패션 디자인'

의류학과 패션디자인을 정의하는 가장 핵심적인 한 단어를 꼽자면 '의류학'은 의복이라는 매개를 통한 인간과 환경의 상호작용, '패션디자인'은 옷과 장신구에 관한 디자인 및 미학 응용 분야일 것이다.

위에서 살펴 본 내용을 바탕으로 '의류학'과 '패션디자인' 그리고 '펫패션 디자인'과의 관계를 간단히 정리하면 "의류학>패션디자인>펫패션 디자인"의 구조로 의류학이 가장 넓은 의미의 상위개념이며 펫패션 디자인은 의류학과 패션디자인에 속한 하위개념이라 할 수 있다.

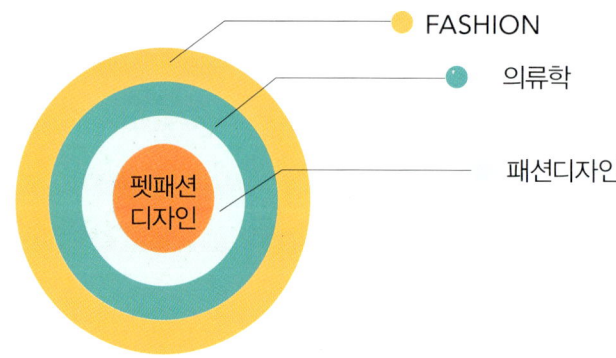

3. 펫패션 디자인의 개념 및 정의

지금까지 우리는 펫패션 디자인에 관하여 패션디자인의 심미적 측면을 중요시하는 디자인 요소와 기술 분야로 의미를 축소하여 생각해왔을 가능성이 많다.

하지만 펫패션 디자인은 인간과 반려동물의 관계를 대상으로 한다는 점에서 패션디자인이 아닌 의류학의 개념에서 그 의미를 정의해야 옳다.

의류학의 개념을 인용해 펫패션 디자인을 정의하자면, 인간과 반려동물이 함께 살아가는 환경 속에서 **패션(의복과 용품)이라는 매개를 통한 인간과 반려동물의 환경과 상호작용을 연구·개발하는 학문**으로 정의할 수 있다.

🐾 패션디자인과 펫패션 디자인의 공통점과 차이점

- 공통점

의복의 목적 중 가장 중요한 것은 효율적인 신체보호라는 점에서 패션과 펫패션의 목적은 동일하다고 볼 수 있다. 신체를 보호하려면 생리위생적인 면이 중요시되므로 인간과 동물의 움직임과 생리 기능을 방해하지 않고 쾌적한 의복기후를 형성하여 신체를 보호하고 체온을 원활히 조절할 수 있어야 한다.

- 차이점

옷은 나를 표현하는 하나의 이미지이자 언어이다. 이처럼 패션디자인이 몸을 둘러싼 천이 아닌 개인의 인격과 생각·느낌·취향을 대변하는 옷을 만드는 일이라면 펫패션 디자인은 옷을 입는 반려동물이 스스로 자신을 표현할 수 있는 주체가 될 수 없다는 점이 패션과 펫패션의 가장 큰 차이점일 것이다.

🐾 펫패션 디자인의 특성

패션의 주체는 인간 스스로이지만 펫패션은 반려동물이 스스로 주체가 될 수 없기 때문에 펫패션 디자인에서 패션의 기본적 요인(실용적·기능적)보다 미적 요인이 앞설 때 펫패션은 인간의 이기심의 표현이거나 반려동물에 대한 일종의 학대가 될 수도 있다는 점을 인지해야 한다.

인간의 패션디자인이 미학적인 부분이 주가 되어 시대적인 동조현상(유행)과 사회와의 상호관련성(TPO/심리적 욕구)을 가지는 미학응용분야라면 펫패션은 패션의 기본적 요인인 실용적·기능적 요인을 최우선으로 하여 반려동물의 습성과 성격을 먼저 이해하고 반려인과의 생활환경을 고려한 기능과 디자인(미적 요인)을 그 위에 덧입히는 과정이라 할 수 있다.

4. 펫패션 디자인의 필요성

"반려동물에게 옷이 필요한가?"

펫패션 디자이너라면 누구나 한 번쯤은 받게 될 질문이다

이 질문에 대한 하나의 정답은 없다. 하지만 앞에서 다룬 의복의 기능적 입장에서 본다면 미적 요인에서는 기호의 문제로 반드시 입혀야 할 필요는 없으나 기능적·실용적 요인에서는 건강상태와 환경에 따라 반려동물의 삶의 질 향상을 위해 필요하다고도 말할 수 있다.

그러나 많은 반려인들이 기능적 요인보다는 미적요인의 이유로 옷을 입히는 것이 사실이다. 그렇다고 이들이 옳지 않다고 말할 수 있을까? 꼭 필요하지 않음에도 우리가 반려동물에게 옷을 입히는 이유는 뭘까? 간단하다. 우리가 반려동물을 사랑하기 때문이다. 반려동물을 가족으로 여기고 부모가 아이들에게 좋은 음식을 먹이고 좋은 옷을 입히고 싶은 마음과 같은 것이다.

이런 이유로 펫패션 디자이너는 더욱 미적요인과 기능적요인 사이에서 진정으로 반려동물을 위한 상품을 개발하기 위해 연구하고 개발해야 한다.

펫패션+기능성&아이디어 상품

다행스럽게도 최근의 펫패션은 미적요인을 중심으로 개발되던 단순한 상품시장에서 벗어나 디자인에 기능성과 실용성, 기술적 부분까지 고려한 다양한 상품이 개발되어지고 있다. 이제는 단순히 예쁘기만 한 상품으로는 반려동물의 삶의 질을 고려하는 반려인 소비자들의 마음을 사로잡을 수 없는 시대가 된 것이다.

최근 다양하게 연구·개발되고 있는 기능성·기술적 상품들을 살펴보고 반려동물에 필요한 새로운 펫패션 아이디어를 고민해보자.

아래 소개하는 상품들은 시중에 개발된 다양한 기능성 상품을 소개하기 위해 개발자가 자체적으로 소개하는 상품설명을 발췌한 것으로 본 저자가 기능적인 부분을 검증하거나 인증하는 내용은 아님을 밝힌다.

🐾 분리불안을 위한 기능성 의류 허그수트

- 몸을 압박하여 심리교정과 안정감을 줌
- 심한 분리불안, 산책 시 헛짖음, 공격성 개선, 사회화

출처: 바이몽

🐾 체온조절을 위한 기능성 발열패딩

- 빠르게 열을내고 오랫동안 보존하는 발열소재 및 충전재
- 초경량으로 더욱 가볍고 따뜻하게
- 관리가 쉬운 기능성 소재, 무알러지, 항균 소재

🐾 체온조절을 위한 온열, 냉감의류

쿨링 코트 착용 후 체온 변화 측정

36℃ > 31℃   27℃ > 24℃

- 냉감 기능성, 체온조절
- 자외선 차단, 피부보호

출처: 마틴로지, 제품명 : 썸머 쿨링 코트

🐾 모기, 해충으로부터 보호하는 안티버그 의류

반려견의 가려움증과 피부계양 틀을 일으키는
진드기, 벼룩, 천식, 세균 등 각종 해충으로부터 안전하게 보호해주세요.

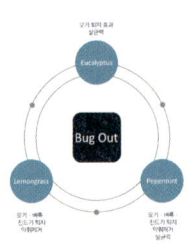

- 모기퇴치효과, 항균가공
- 모기, 벼룩, 진드기 퇴치, 악취 제거

출처: 리얼펫

5. 펫패션 디자인 윤리

   반려동물 산업이 성장함에 따라 아이디어가 경쟁력인 시장의 특성상 펫패션 디자인 산업에도 디자인 카피 및 아이디어 도용 등의 문제도 함께 증가하고 있다.

🐾 디자인 보호법

   의류제품의 '디자인'의 경우 현행 법 제도에서는 '의장, 디자인'이라는 용어를 사용하며 그 권리가 보호되고 있다. 하지만 의장법 등록 시에 심사기간이 길고, 제소 시에는 절차가 까다롭고 시간이 많이 소요되어, 사이클이 빠른 디자인의 경우 실질적으로 보호를 받지 못하고 있다. 2004년 의장법은 디자인 보호법으로 명칭이 바뀌었다.

   패션 산업의 불법 복제품 시장은 매년 증가하고 있다. 불법복제품의 경우 국제화 시대의 국가 신용도 저하 및 외국과의 무역관계에 까지 영향을 줄 수 있기 때문에 더욱 심각한 문제라고 할 수 있다.

   모든 패션디자이너는 '디자인은 개발자의 지적 재산이며 디자인 불법복제는 엄연한 범죄'임을 반드시 인식하고 디자인 보호를 위한 개개인의 윤리의식을 가지고 나만의 아이디어와 디자인 개발을 위해 노력해야 한다.

   또한 디자인보호법, 디자인권 등을 이해하여 디자이너 스스로 자신의 디자인을 법적으로 보호할 수 있는 법률적인 지식과 장치를 갖추는 것도 중요하다.

Chapter 2

펫패션 디자인 상품 제작과정

펫패션 디자이너가 실제 디자인 상품을 제작하는데 필요한 과정을 살펴보자.

일하는 방식에 따라 일부 순서가 달라질 수 있겠으나 제품이 생산되기까지 필요한 과정은 크게 다르지 않다. 다만 소개하는 제작과정은 소량 맞춤생산 방식이 아닌 대량 (기성품)생산 방식의 과정이다.

〈 펫패션 디자인 상품 제작 과정 〉과정

| 자료조사 및 상품기획 | 상품 디자인 | 소재결정 | 패턴제작 | 가봉 및 샘플제작 | 패턴수정 및 그레이딩 | 생산 | 상품검수 및 포장 |

1. 자료조사 및 상품 기획

모든 사전조사가 그러하듯 충분한 자료조사는 좋은 디자인으로 이어진다.

현재 유행하고 있는 트랜드를 분석하고 디자인에 적용할 수 있는 아이디어를 찾아내는 과정이며 자료를 모으는 방법은 온·오프라인, 패션과 펫패션을 아우르는 폭넓은 자료조사가 필요하다.

자료조사와 상품기획 단계에서 꼭 필요한 과정이 기존 시장에 이미 나와있는 디자인 상품을 조사하고 파악하는 일이다. 의도치 않은 디자인 복제품 생산을 방지할 수 있고 이미 많이 개발되어있는 상품과 유사한 상품기획은 상품의 경쟁력을 떨어뜨리므로 사전조사가 필수이다.

자료조사를 바탕으로 하여 디자인상품의 기획(스타일, 컬러, 소재 등)을 수립한다.

- 트렌드 조사, 시장조사
- 기성 상품에 대한 조사 및 아이디어 검증
- 스타일, 소재, 컬러 등 상품기획

2. 상품 디자인

정확한 기획이 세워지면 구체적인 디자인 작업에 들어간다. 디자인을 할 때에는 아이디어를 충분히 활용하되 디자인이 반려동물의 활동을 불편하게 하는 위치 또는 디테일은 아닌지 고려해야 한다. 예를 들어 너무 무거운 부자재를 디자인 포인트로 사용한다거나 사족보행을 하는 반려동물의 특성상 엎드렸을 때 바닥에 닿는 부위에 부자재를 사용하는 것에 주의를 기울이는 등 펫패션 디자이너는 반려동물의 신체적 특성을 고려하여 디자인에 반영하여야 한다.

🐾 디자인 구체화
부자재, 디테일 결정

🐾 도식화 그리기
정확한 디자인을 설명하는 그림을 '도식화'라 한다.

도식화는 생산자에게 디자이너의 정확한 의도를 전달하기 위한 설계도와 같아 최대한 구체적으로 모든 디자인 정보를 입력하는 것이 좋다.

도식화는 옷을 평면화하여 그린 그림으로, 앞면과 뒷면, 필요에 따라 측면 또는 자세히 설명해야 하는 부분을 확대하여 상세페이지를 별도로 그리기도 한다.

도식화 예시)

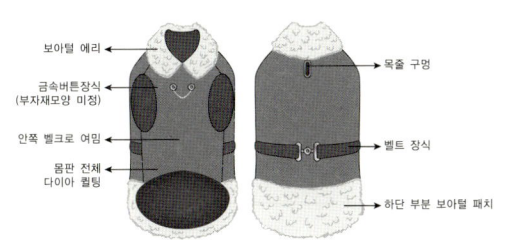
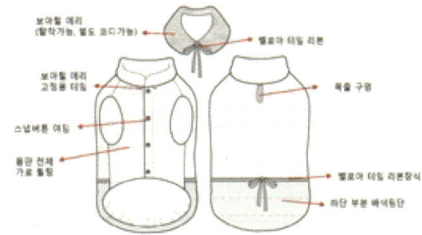

3. 소재 결정

원단은 온·오프라인을 비롯해 다양한 경로로 구입할 수 있지만 소재는 직접 만져보고 두께와 터치감, 신축성 등을 확인하고 컬러도 정확하게 확인하는 것이 중요하므로 오프라인 원단시장을 이용하는 것을 추천한다.

원단시장

🐾 동대문 종합시장

- 홈페이지: http://www.ddm-mall.com
- 위치: 서울 종로구 종로 272/1, 4호선 동대문역 9번 출구
- 영업시간: 원단/의류부자재(평일 08:00 - 18:00/토요일 08:00 - 13:00)
- 액세서리/혼수 및 인테리어(평일 08:00 - 19:00/토요일 08:00 - 17:00), 일요일 휴무.

동대문 종합시장은 국내 최대의 의류 원부자재 전문시장으로 의류제작을 위한 모든 것을 한곳에서 만나볼 수 있다. 5(A, B, C, D, N)동으로 이루어져 있으며 총 4천 개가 넘는 매장이 매우 복잡한 구조로 되어있어 상가 내 모든 매장을 다 둘러보는 것은 불가능하다고 할 수 있다. 자주 찾아가 많은 소재를 직접 만져보고 돌아보다 보면 나중에는 원하는 소재종류별 매장이 모여있는 구역들을 알 수 있게 되고 좋은 소재를 보는 눈도 키울 수 있을 것이다. 트랜드에 맞게 계속 새로운 소재가 개발되어 소개되므로 종합시장에 진열된 소재들로 현재 트랜드인 소재와 컬러감도 알 수 있다.

다만 동대문 종합시장은 도매 위주로 거래하기 때문에 소량구매가 어렵고 주문을 하면 다음날 찾거나 배송받는 형식으로 거래되기 때문에 당일구매가 어렵다는 단점이 있다.

	A동				
P	P	B동	C동	N동	D동
7F	사무실, 내과, 약국	P	P	P	P
6F	사무실, 식당가, 편의점, 약국		모피	치과, 피부과	사무실
5F	액세서리, 부자재, 패치워크재료(수예품)				
4F	원단				
3F	원단				
2F	면원단(main)	리본, 망사	나염, 스팽글	쭈리, 싱글, 다이마루	쭈리, 싱글, 다이마루
1F	수예, 그릇, 커튼	여러종류끈, 리본, 합성피혁	의류부자재, 침구	의류부자재	의류부자재
B1F	털실, 실, 커튼, 침구, 부자재, 재봉				

온라인 원단 쇼핑몰

온라인 원단 쇼핑몰에서도 다양한 원단과 부자재를 구매할 수 있다.

온라인 쇼핑몰은 조금 더 편안하게 다양한 소재를 한눈에 볼 수 있고 소량구매가 용이하다는 장점이 있지만 모니터를 통해 소재를 확인해야 하므로 정확한 질감이나 두께감, 색감을 확인하기 어려운 단점이 있다.

4. 패턴 제작

의류패턴을 제작하는 업체는 인터넷이나 동대문시장 주변에서도 쉽게 찾을 수 있지만 대부분 사람의류패턴을 작업하는 곳이고 그 중 극히 일부에서만 강아지 의류 패턴을 작업할 수 있다.

그만큼 아직은 반려동물 패턴을 다룰 줄 아는 전문가가 적고 전문적인 분야임을 알 수 있다. 생산공장 역시 애견의류만 다루는 전문공장에서 취급하는 경우가 많으며 이런 전문공장에서는 대부분 패턴부터 완성까지 원스탑으로 진행하는 경우가 많으니 생산공장에서 패턴을 제작하는 것도 좋은 방법이다. 생산공장이나 패턴제작 등을 위한 의류생산 전문업체는 인터넷에서 쉽게 검색할 수 있으나 나와 맞는 좋은 생산공장을 찾기 위해서는 발품은 필수이다. 생산과정을 자주 체크할 수 있도록 너무 멀지 않은 공장을 선정하는 것이 좋으며 봉제 실력과 원가(봉제공임)가 나의 생산조건과 잘 맞는지가 가장 중요한 조건이다. 여러 곳을 신중하게 비교 견적해보고 결정해야 한다.

5. 가봉 및 샘플 제작

준비된 원단, 부자재와 패턴을 사용하여 생산에 들어가기 전 샘플을 제작해보는 과정을 거친다. 이 과정을 여러 번 반복하며 디자인과 패턴의 부족한 부분을 보완하여야 완성도 높은 제품을 만들 수 있다.

6. 패턴 수정 및 그레이딩

샘플을 기준 사이즈 강아지에게 피팅해보고 불편한 부분이나 잘못된 패턴을 수정하여 최종 패턴이 완성되면 최종패턴을 기준으로 사이즈를 키우거나 줄여서 생산하게 될 모든 사이즈의 패턴을 만드는 과정을 거친다. 이를 '그레이딩'이라 한다.

그레이딩이 완료되면 사이즈 별 생산수량과 최종 패턴을 활용하여 총 제작에 필요한 원단과 부자재의 수량을 계산할 수 있다.

7. 생산

생산공장이 확정되면 앞에서 준비한 모든 원단과 부자재, 패턴 등을 전달하여 제작의뢰한다. 제작의뢰 시 공장에 전달해야 하는 것들을 정리하면 아래와 같다.

- 디자인 원부자재 : 원단, 부자재(단추,리본,레이스,고무줄 등)
- 패턴(그레이딩이 완료된 사이즈별 완성패턴)
- 생산의뢰서(도식화) 및 샘플
- 완성 부자재(TAG, 포장봉투, 사이즈 스티커 등)

🐾 생산의뢰서(작업지시서)

정확한 제작의뢰를 위해서 디자이너는 생산의뢰서를 작성하여 함께 전달한다.

생산의뢰서에는 도식화, 원부자재정보, 생산수량, 세부 지시사항 등 생산에 필요한 모든 세부정보가 포함된다. 생산상품에 문제가 생길 경우 생산의뢰서가 의뢰한 모든 정보자료가 되므로 최대한 상세하고 빠짐없이 기록하는 것이 좋다.

생산의뢰서 양식은 획일화되어 있지 않으므로 필요한 정보를 모두 담을 수 있는 양식으로 제작하여 전달하면 된다. 아래 예시는 필자가 필요한 정보를 담아 생산에 사용하고 있는 작업지시서 양식이다.

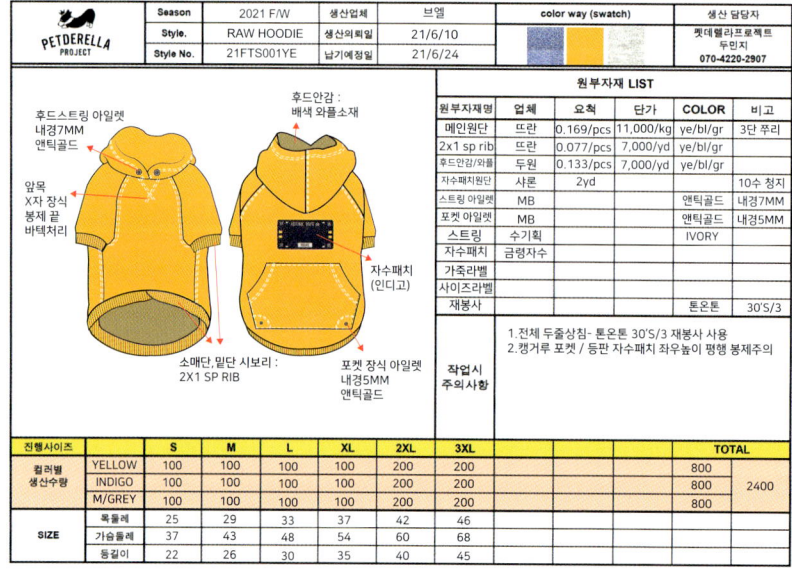

생산의뢰서 예시

8. 상품검수 및 포장

상품생산이 완료되고 나면 공장에서도 자체적으로 상품에 문제가 없는지 검수하는 과정을 거친다. 지시서대로 상품이 생산되었는지 오염된 상품은 없는지, 봉제불량 등의 불량 상품을 1차적으로 걸러낸다. 상품검수과정 이후는 바로 소비자에게 전달되므로 공장과 생산의뢰자(디자이너) 모두 꼼꼼한 상품검수가 필요하다.

상품검수를 통과한 상품은 유통과정간의 오염을 방지하고 소비자에게 최상의 상태로 전달되기 위한 포장작업을 거쳐 모든 상품화 과정이 끝난다.

상품의 디자인만큼이나 요즘은 상품화(포장, 패키지)의 중요성이 커지고 있다.

패키지 디자인은 고객에게 처음 보여지는 상품의 이미지이므로 패키지에 의해 상품이 더욱 좋게 느껴지는 효과도 거둘 수 있다. 과대포장을 주의하되 제품을 더욱 멋지게 보일 수 있는 패키지 디자인도 반드시 고민하도록 하자.

자료조사와 상품기획을 시작으로 상품화 과정까지 이렇게 많은 과정을 거쳐 하나의 디자인상품이 만들어진다. 과정 안에는 글로 다 적을 수 없는 세부과정들도 많지만 완벽한 상품을 위해서는 모든 과정이 어느 하나도 빠져서는 안 되는 중요한 과정이다.

Chapter 3

펫패션 디자인 실기

펫패션은 모든 반려동물의 의류·소품을 포함하는 분야이지만 이 책은 펫패션 디자인의 기본기를 다지는 이론과 실기를 배우기 위한 내용을 다루므로 가장 보편적인 반려동물인 '강아지 옷'을 만드는 실기과정을 배우기로 한다.

강아지옷 만들기의 기초

소재(원단)의 이해

원단은 옷을 만드는데 가장 기본이 되는 재료이므로 원단의 특성과 종류를 잘 알아야 디자인에 맞는 적절한 소재를 선택할 수 있다.

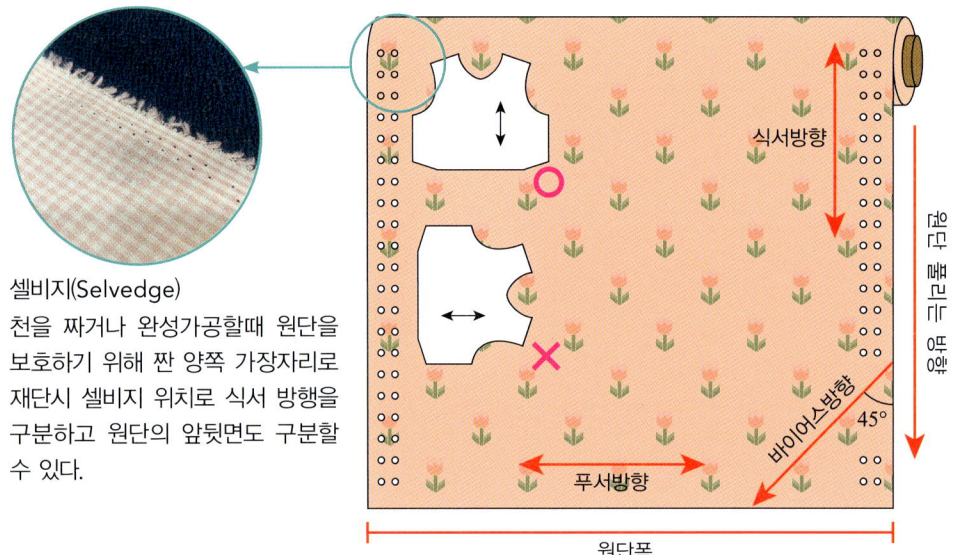

셀비지(Selvedge)
천을 짜거나 완성가공할때 원단을 보호하기 위해 짠 양쪽 가장자리로 재단시 셀비지 위치로 식서 방행을 구분하고 원단의 앞뒷면도 구분할 수 있다.

🐾 원단의 단위

마, 야드로 불리며 1마(1야드)는 90CM이다.

🐾 원단의 폭

폭은 보통 인치로 표시하며 1inch는 2.54cm이다. 공장에서 원단이 생산될 때 44~66inch 등 다양한 폭으로 생산되며 롤 형태로 보관되어 판매된다. 옷을 만들 때에는 원단 폭을 고려해 전체 소요량을 계산해야 한다.

🐾 원단의 방향

식서

직물의 날실(세로)B방향을 식서 방향이라고 한다. 식서 방향의 가장자리에는 셀비지(Selvedge)

구멍이 뚫려있어 원단의 앞뒷면을 구별하거나 원단을 잘라서 사용할 때 식서 방향을 아는데 도움이 된다. 식서 방향은 늘어짐이나 줄어듦이 가장 적어 의류를 재단할 때 식서 방향으로 재단해야 옷의 변형을 최소화할 수 있다.

푸서

직물의 씨실(가로) 방향을 푸서 방향이라고 하고, 푸서의 폭이 천의 폭이 된다. 식서 방향에 비해 신축성이 있는 반면 원단의 올이 잘 풀린다.

바이어스

원단이 가장 잘 늘어나는 방향으로 바이어스 테이프를 만들어 의류, 소품 등 포인트 또는 시접의 마무리 등에 사용된다.

바이어스는 직선바이어스, 정바이어스로 나뉜다. 식서 방향의 45도 각도를 정바이어스라 한다. 바이어스를 두를 부분에 곡선이 있다면 꼭 신축성이 좋은 정바이어스를 사용해야한다.

🐾 원단의 앞, 뒷면 구분하기

– 프린트 문양이 선명한 면이 겉면.
– 광택이 있고 매끄러운 면이 겉면.
– 원단 양끝(식서 방향) 셀비지(Selvedge) 구멍이 돌출된 면이 겉면.
– 앞 뒷면이 구분이 되지 않는 원난은 임의로 겉면을 선택해 사용해도 된다.

🐾 원단의 두께

원단의 두께를 표시할 때, 천연섬유(면·마·모직)는 '수'를 사용하고 화학섬유는 '데니아'를 사용한다. 수는 숫자가 클수록 얇고, 데니아는 작을수록 얇다.

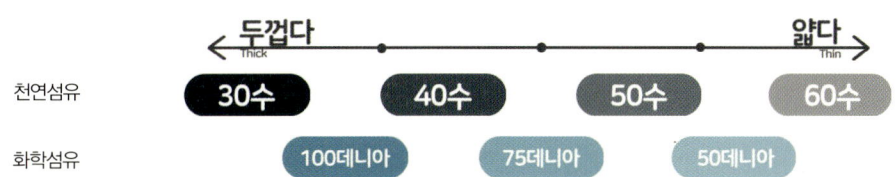

원단의 종류

원단은 **편직물**이라고도 부르며, 크게 편물과 직물로 구분할 수 있는데 이를 통틀어 부르는 용어이다.

직물은 원사를 가로, 세로로 교차시켜 짜는 방식이고, **편물**은 둥근 환편기계에서 짜서 원단이 큰 원통 형태로 짜여 나오는 방식이다.

편물도 두 가지로 구분이 되는데 굵은 실을 이용해 짜여진 **니트 종류(가디건, 스웨터 등)** 원단과 얇은 실을 이용해 짜여진 **다이마루 원단**으로 나뉜다.

원단의 종류는 너무나 많아 모든 종류의 원단을 내용에 담을 수 없으나 대표적인 편직물 원단과 강아지 의류에 많이 사용되는 소재 위주로 간단히 살펴보자.

다이마루(니트) 원단

부드러운 터치감과 신축성이 많은 다이마루 소재는 활동성이 많은 강아지옷 소재로 가장 적합한 소재이다.

의류에서 주로 운동복이나 티셔츠, 유아복 등에서 많이 사용된다.

🐾 싱글

앞면

뒷면

다이마루 직물의 기본이 되는 원단으로 강아지옷 소재로 가장 많이 사용되며 기본적인 신축성이 있다. 한쪽 면만 겉면으로 활용할 수 있게 제작되어 있다.

🐾 싱글 스판

앞면

뒷면

싱글 원단에 스판사가 섞여 가공된 신축성이 좋은 원단이다. 스판사 때문에 면 원단의 늘어짐이 보완되어 세탁 후 변형이 적어 강아지 옷 만들기에 좋으나 면 소재 특유의 따뜻한 소재감은 떨어진다. 신축성 때문에 바이어스 감으로 사용이 용이하다.

🐾 후라이스

앞면

뒷면

싱글과 흡사하지만 가로 방향의 신축성이 훨씬 좋다. 짜임의 굵기에 따라 골지소재라고도 불리며 시보리(리쁘)감으로도 사용한다.

🐾 쭈리

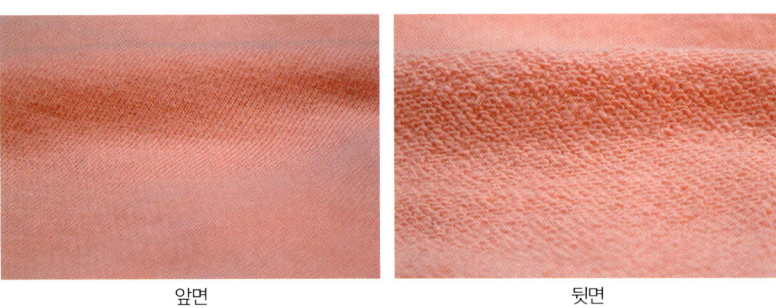

앞면　　　　　　　　　뒷면

뒷면이 고리 형식의 파일로 짜여진 원단이다. 두께가 얇은 순으로 '미니쭈리〈2단쭈리〈3단쭈리〈왕쭈리〈기모쭈리' 가 있으며 주로 후드티셔츠, 맨투맨 등에 활용된다. 기모쭈리는 뒷면의 파일을 긁어 기모로 만든 것이다.

🐾 시보리

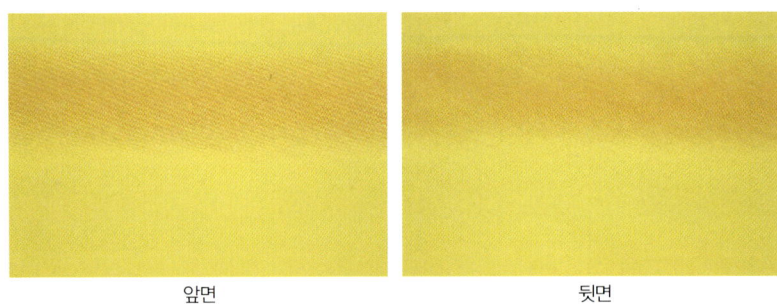

앞면　　　　　　　　　뒷면

목둘레나 소매/밑단에 활용되는 원단으로 골지짜임이 특징이다. 신축성이 좋으며 싱글원단에는 미라노 시보리를, 쭈리 원단에는 리쁘직 시보리를 주로 사용한다.

우븐(직기) 원단

편직물에서 직물을 우븐 원단 또는 직기원단으로도 부른다. 세로 방향의 '경사'와 가로 방향의 '위사'가 교차하여 만들어진 원단으로 편물(다이마루)원단에 비해 신축성이 부족해 강아지 옷을 만들기에 적합한 원단은 아니지만 최근엔 패턴을 보완하거나 스판이 들어간 직기 원단을 사용하여 사람의 의류와 비슷한 강아지 의류 제작에 많이 활용되고 있다.

🐾 면평직원단

면직물이 주로 사용되는데 면은 목화 품종과 가공법에 따라 여러 종류의 면직물로 탄생한다. 면직기 원단으로는 옥스포드, 캔버스, 린넨, 데님 등이 대표적이며 주로 셔츠류나 원피스, 팬츠, 아우터 등에 사용한다.

🐾 옥스포드

굵고 두꺼운 실로 만든 면으로 탄탄한 원단조직으로 튼튼하고 시원하며 세탁 시 손상이 잘 생기지 않는다. 셔츠 또는 커튼, 가방 등에 사용된다.

🐾 캔버스

옥스포드보다 더 두껍고 뻣뻣한 소재로 면 원단 중 가장 굵고 튼튼하여 가방이나 쿠션, 방석 등에 사용된다.

🐾 린넨

아마사로 짠 직물의 총칭으로 의복용 섬유로는 가장 오래된 섬유이다. 흡습성과 통기성이 뛰어나 여름 소재로 많이 사용된다.

🐾 데님

편안함과 활동성을 겸비한 대표적인 트윌 원단으로 강아지 옷을 만들 때는 스판이 들어간 원단을 사용하는 것이 좋다. 이염의 위험이 있으므로 사용에 주의가 필요하다.

그 밖의 원단

🐾 폴라플리스

가볍고 부드러운 기모 소재로 보온성이 높고 신축성이 좋아 겨울 의류로 적합하다. 하지만 정전기로 인해 강아지옷이나 소품 사용 시 주의해야한다.

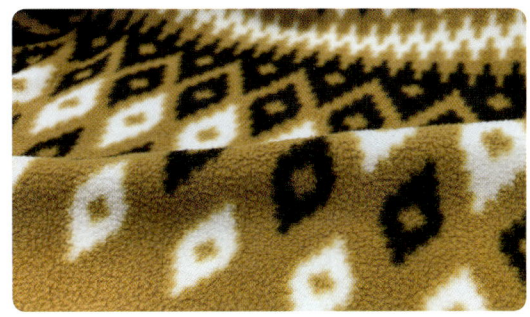

🐾 레이스

여성스러운 분위기를 연출하는 비침 무늬를 만들어낸 직물로 매우 다양한 모양의 직조가 가능하며 의류의 장식이나 소품에서 많이 사용된다.

🐾 가죽

천연 가죽과 인조 가죽이 있으며 내구성이 좋고 특유의 소재 질감을 활용한 디자인에 좋으나 강아지옷으로 사용할 땐 신축성이 좋은 인조가죽을 사용하고 여유 있는 패턴을 사용하는 것이 좋다.

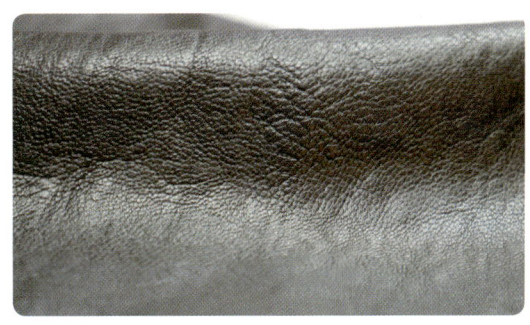

🐾 인조 퍼 원단(FUR)

겨울철 많이 사용되는 털 원단은 반려동물의 옷 인만큼 인조 원단을 사용한다. 최근엔 실제 동물의 털과 구분이 어려울 만큼 가공 기술이 발달하였다.

🐾 퀼팅누빔

봉제누빔

기계(프레스)누빔

누빔 처리가 된 원단으로 겨울철 의류에 많이 사용한다.

봉제누빔이 일반적이나 기계로 누빔모양을 찍어 만드는 누빔방법도 있다.

도구와 부자재

의류를 만들 때 필요한 도구와 부자재의 종류는 매우 다양하다. 각 단계별로 사용되는 도구들은 옷의 완성도를 높이거나 좀 더 편하게 작업할 수 있도록 도움을 준다. 처음부터 모든 도구를 갖춰야 할 필요는 없다. 옷을 만들어보면서 필요한 것들을 하나씩 구비하면 좋다.

패턴 그리기 & 재단하기

① 재단 가위

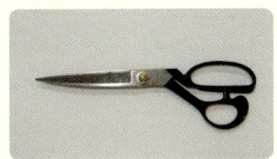

원단을 자를 때 사용하는 가위. 날이 상하면 원단이 잘 잘리지 않으므로 종이를 자르는 가위와 구별하여 사용하는 것이 좋다.

② 그레이딩자(직자)

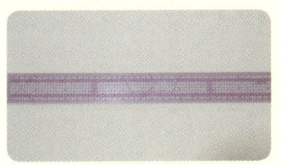

직선을 그리거나 패턴의 길이를 잴 때 사용된다. 가로, 세로 안내선을 이용해 패턴의 직각을 가늠할 수 있다.

③ S모드자(곡자)

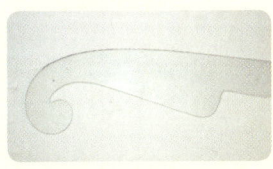

패턴의 곡선 부위를 그릴 때 사용한다.

④ 줄자

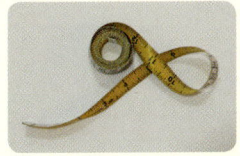 

강아지치수를 재거나 패턴의 길이를 잴 때 사용한다.

⑤ 원단용 수성펜(기화펜)

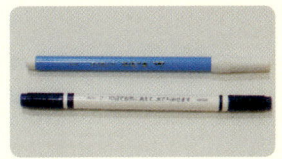

물이 닿으면 선이 지워지는 수성펜이나 시간이 지나면 기화되어 지워지는 기화펜을 사용하면 원단에 작업선이 남지 않고 손에 묻지 않아 편리하다.

⑥ 초크, 초자고

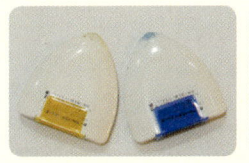 

초크   초자고

원단에 패턴을 그릴 때 사용한다. 세탁을 해야 지워지는 점이 불편할 경우 다리미로 열을 가하면 지워지는 초자고를 사용할 수도 있다.

⑦ 시침핀

봉제할 때 원단을 고정하기위해 사용하며 핀은 얇은 것이 좋다.

⑧ 다리미

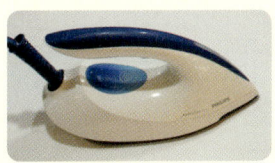

옷을 만드는 중 원단의 형태를 잡거나 심지를 붙일 때, 옷이 완성된 후 구김을 정리하고 모양을 잡을 때 사용한다.

①～⑧까지는 패턴 그리기 &재단하기에 기본적으로 필요한 도구들이고 아래 ⑨～⑭는 없어도 무관하나 작업을 편리하게 하는데 도움을 주는 도구들이다.

⑨ 손재단기

원형 칼날로 원단을 자를 수 있는 도구로 손잡이를 잡고 원형 칼날을 굴려 부드럽고 편하게 원단을 자를 수 있다.

⑩ 문진(누름쇠)

재단할 때 패턴이나 원단이 움직이지 않도록 눌러주는 쇳덩이이다.

⑪ 핀쿠션

핀을 꽂아두고 사용할 수 있는 도구이다.

⑫ 시접 라이너

시접을 쉽게 그릴 수 있도록 도와주는 도구이며 원하는 시접 폭(10, 7, 5, 3mm)에 맞게 사용할 수 있다.

⑬ 바이어스메이커

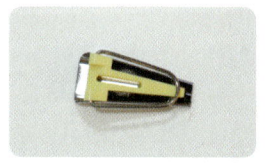

바이어스테이프를 쉽게 만들 수 있도록 도와주는 도구이다.

⑭ 부직포 패턴지

반투명한 부직포의 특징을 사용하여 패턴을 쉽게 옮겨 그릴 수 있다. 선이 비치는 적절한 두께를 사용한다.

바느질 & 봉제

① 손바느질 바늘

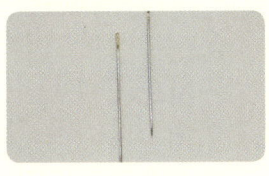

바늘 굵기와 바늘 구멍의 크기에 따라 다양한 사이즈가 있다. 다양한 사이즈가 들어있는 세트를 구비하면 상황에 맞게 사용하기 좋다.

② 미싱 바늘

바늘 굵기에 따라 종류가 나뉘는데 (9, 11, 14, 16호) 바늘 호수가 높을수록 굵어 두꺼운 원단을 봉제할 수 있다. 14호가 제일 일반적으로 많이 쓰인다.

③ 봉제사

실의 굵기(수)와 실의 꼬임 수(합)에 따라 다양한 굵기가 있으며 보통 60수3합을 많이 사용한다.

④ 쪽가위

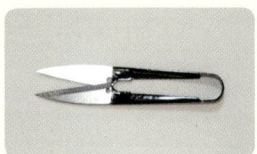

봉제할 때 실을 정리하거나 가위집을 낼 때 사용한다.

①~④까지는 바느질 & 봉제에 기본적으로 필요한 도구들이고 아래 ⑤~⑨는 없어도 무관하나 작업을 편리하게 하는데 도움을 주는 도구들이다.

⑤ 실뜯개

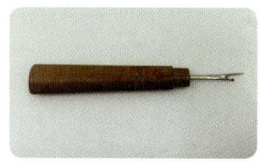

봉제가 잘못되어 실을 잘라 내야할 때 사용한다.

⑥ 롤러 & 송곳

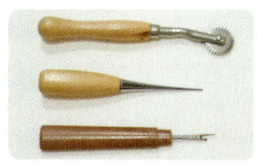

원단에 구멍을 내거나 위치를 표시를 할 때 사용한다.

⑦ 원단 뒤집개

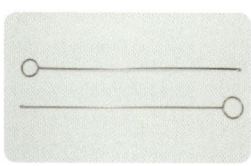

좁은 폭의 끈을 만들 때 원단을 쉽게 뒤집을 수 있도록 도움을 준다.

특수재봉사

① 고무사

밑실에 넣어 원단의 주름을 만들 때 사용한다.

② 오버록사(날라리사)

신축성이 있는 다이마루 원단의 밑실로 사용하여 원단이 늘어날 때 실도 같이 늘어 날 수 있도록 도와준다. 윗실은 일반봉제사를 사용한다.

③ 투명사

투명한 실로 레이스나 드레스 장식 등 봉제사가 보이지 않는 봉제를 원할 때 사용된다.

④ 자수사

자수를 놓을 때나 겉으로 보여지길 원하는 스티치 장식, 상침을 할 때 사용하며 일반 봉제사보다 광택감이 있다.

의류 부자재

끈, 리본, 고무줄 면끈, 가죽끈, 장식용끈, 면테이프, 공단테이프, 4골, 8골 고무줄 등. 소재와 굵기, 모양에 따라 매우 다양하다.

① 레이스테이프 면레이스, 토숀레이스, 라셀레이스, 고무줄레이스 등

② 단추 폴리(플라스틱)단추, 금속 단추, 싸개 단추 등

③ 바이어스테이프

바이어스감을 바이어스테이프로 만들어놓은 부자재로 바이어스메이커를 사용해 직접 만들 수도 있다.

④ 벨크로

찍찍이라고도 불리는 여밈 부자재이다.
심지 원단의 한쪽 면에 접착제가 발라져 있어 옷의 형태를 유지해야 하는 곳에 다리미로 붙여 사용한다.

그외, 금속부자재 D링, O링, 금속스냅, 캔톤, 벨트버클 플라스틱 부자재 벨트버클, 스토퍼, 왈자조리개 등이 있다.

Chapter 4

봉제의 이해

　재봉틀이나 손바느질을 이용하여 옷을 만드는 과정을 봉제라고 한다.

　손바느질만으로도 강아지 옷을 만들 수는 있지만 훨씬 많은 시간과 노동이 필요하다. 원단이 두꺼울 경우 손바느질을 하는게 쉽지 않고 재봉틀을 사용하는 것에 비해 아무래도 튼튼한 봉제가 어려워 세탁 후에 옷이 쉽게 망가질 수 있으므로 손바느질로 옷을 만들 경우 더욱 촘촘한 봉제가 요구된다.

　재봉틀을 이용하여 옷을 만든다고 하더라도 부분적으로 손바느질이 꼭 필요한 부분이 있을 수 있으므로 기본적인 손바느질 방법과 강아지 옷을 만들 때 필요한 기본 봉제 방법들을 알아보자.

1. 손바느질 기초

🐾 실 매듭짓기

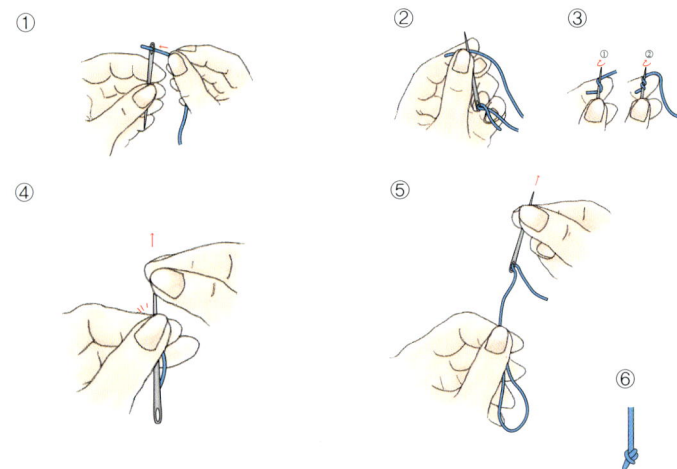

① 바늘구멍에 실을 꿰어

② 왼손 엄지와 검지로 실끝을 잡은 뒤, 그 위에 바늘 끝부분을 올린다.

③ 실을 바늘에 두 세번 감는다.

④ 감은 실을 엄지로 꼭 잡고 ⑤ 바늘을 위로 당겨 빼내어 매듭을 만든다. ⑥ 완성

🐾 홈질

가장 기본적인 바느질법으로 원단끼리 연결하거나 장식 스티치를 넣을 때, 주름을 만들 때 많이 사용한다.

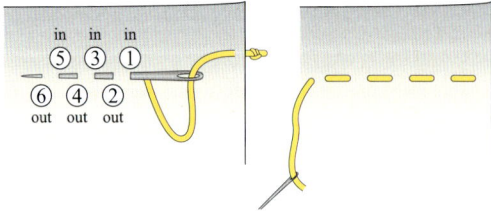

① 실에 매듭을 만든 뒤 시작점 원단의 뒤쪽에서 앞으로 바늘을 뺀다.

② 일정한 간격으로 2~3땀을 한번에 떠서 당겨준다.

③ 원단이 울거나 실이 늘어지지 않도록 적당히 당겨 모양을 잡아준다.

🐾 박음질

홈질보다 튼튼한 바느질법으로 손바느질로 옷을 만들 때에는 박음질로 봉제해야 튼튼하게 만들 수 있다.

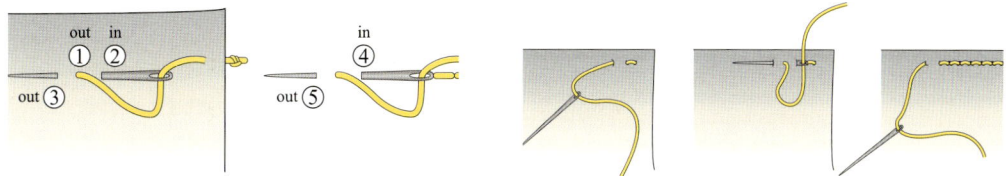

① 실에 매듭을 만들어 뒤에서 앞으로 빼낸 뒤, 겉으로 한땀, 안쪽으로 한땀을 뜨고 겉으로 바늘을 뺀다.

② 겉으로 뜬 바늘땀 옆에 바늘을 꽂고, 바늘땀의 2배만큼 원단 안쪽에서 이동하여 겉으로 바늘을 뺀다.

③ 이 과정을 반복하면 안쪽으로 실이 이중으로 겹쳐져 튼튼하게 바느질이 된다.

🐾 공그르기

창구멍을 막을 때나 바이어스를 감싼 후 마무리할 때 겉으로 바느질이 보이지 않도록 뜨는 바느질 법으로 바늘땀 간격이 좁을수록 튼튼하게 봉제된다.

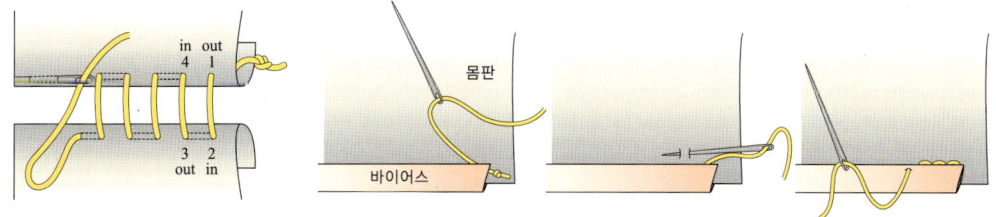

① 봉제 할 원단의 두 면을 겹친 뒤, 매듭이 보이지 않도록 원단 안쪽으로 매듭을 숨겨 바깥으로 바늘을 빼낸다.

② 양쪽 원단의 같은 위치에 한땀씩 뜨고 안쪽에서 옆으로 이동한다.

③ 바늘땀이 보이지 않도록 실을 잡아당기며 반복한다.

🐾 감침질

별도의 미싱없이 손바느질로 옷을 만들어야 한다면 감침질로 끝단 처리한다.

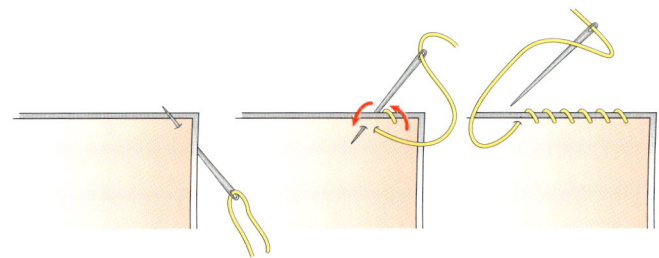

① 실에 매듭을 만들어 원단 한 장의 안쪽에서 겉으로 바늘을 빼준다.

② 사선 방향으로 시접을 감싸 뒤에서 앞으로 사선으로 바느질한다.

③ 같은 방법으로 뒤에서 앞으로 사선방향으로 반복해 바느질한다.

단추 달기

🐾 장식 단추(기본단추) 달기

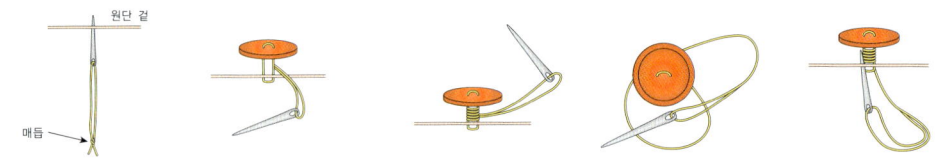

① 바늘에 두 줄로 실을 꿰어 매듭을 지은 후 뒷면에서 앞면으로 바늘을 올린다.

② 단추를 원단에서 0.3～0.4cm 띄운 상태로 바늘을 단추 구멍에 2～3회 통과시킨다.

③ 단추를 띄운 공간에 실을 4～5회 감아 기둥을 만들어준다.

④ 단추의 밑부분에서 고리를 만들어 바늘을 통과시켜 매듭을 짓는다.

⑤ 바늘을 원단 안으로 다시 밖으로 통과시킨 후 매듭을 짓는다.

🐾 스냅 단추 달기

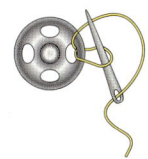 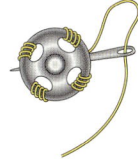 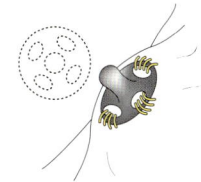

① 단추가 달릴 위치를 표시한 후 안쪽으로 매듭이 오도록 한다.

② 단추의 한쪽 구멍에 바늘을 넣고 실을 끝까지 당기기 전에 실의 고리에 바늘을 통과시킨 후 당기면 매듭이 생긴다(버튼홀 스티치).

③ 이 과정을 3~4번 반복하고 다른 구멍도 동일하게 바느질한 후 매듭짓는다.

④ 바늘을 원단 안으로 다시 밖으로 통과시킨 후 매듭을 짓는다.

🐾 T단추(썬그립) 달기

 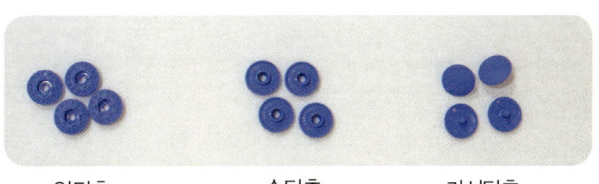

암단추　　　　　　수단추　　　　　　가시단추

- T단추는 플라스틱으로 된 똑딱이 형태의 단추로 강아지 옷과 소품에서 많이 사용되며 썬그립이라고도 부른다.

- T단추는 압정 모양의 가시단추 2개, 수단추, 암단추 1개씩 총 4개가 한 세트로 구성되며 T단추를 달수 있는 별도의 기구가 필요하다.

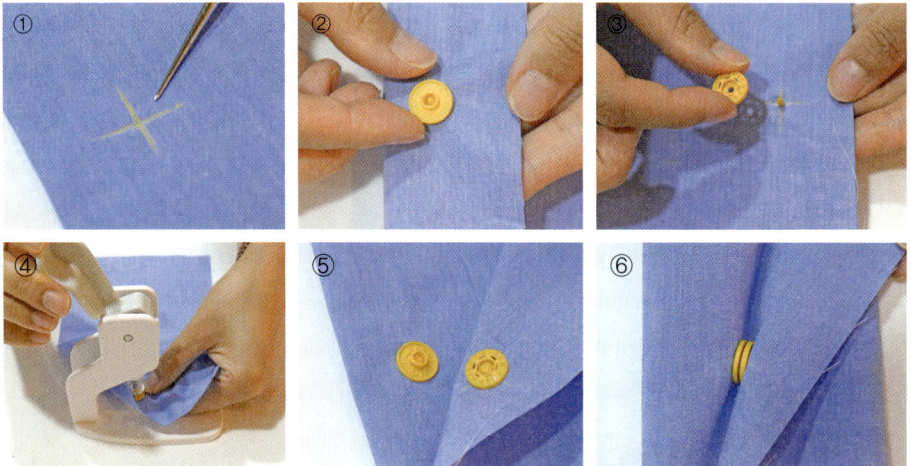

① 단추를 달 위치를 표시한 후 가시단추가 들어갈 수 있도록 송곳으로 살짝 구멍을 뚫어준다.

② 한쪽은 가시단추+수단추, 반대쪽은 암단추+가시단추 순서로 기구를 이용해 단추를 달아준다.

TIP

• 수단추와 암단추가 물리며 단추가 여며지므로 기구로 고정하기 전에 맞물리는 위치를 반드시 확인한다.

• 양면 원단에 T단추를 사용하면 양면을 모두 사용할 수 있는 리버시블 디자인이 가능하다.

2. 봉제의 기초

🐾 시접

시접은 옷감을 이어 붙이기 위해 필요한 여유분(솔기)을 말한다.

옷을 만들때 안쪽의 시접을 깔끔하게 정리해야 옷의 완성도를 높일 수 있고 세탁 후 옷 안쪽 솔기의 실이 풀어지거나 헤지는 현상을 방지할 수 있다.

시접 올이 풀리지 않도록 시접 끝단 처리하는 방법

🐾 오버록

시중의 일반적인 옷의 끝단 처리 방법으로 별도의 미싱이 필요하다.

🐾 인터록

'날나리'라고도 불리며 오버록보다 폭이 좁고 촘촘하게 정리되어 두꺼운 시접 처리가 어울리지 않는 원피스, 스커트, 스카프 등의 얇은 소재의 끝처리에 주로 사용된다. 인터록 역시 별도의 미싱이 필요하다.

🐾 지그재그 봉제하기

가정용 미싱에서 오버록 대신 사용하는 봉제방법이다.

시접 정리하는 방법

🐾 홑솔

① 원단 두 장을 박음질한 뒤 겹쳐진 시접을 오버록 또는 지그재그박기등으로 끝을 정리한다.

② 시접을 한쪽으로 꺾어 다림질한다.

🐾 가름솔

① 원단 두 장을 각각 오버록이나 지그재그박기로 끝을 정리한다.

② 두 장을 겉면끼리 맞대어 박음질한다.

③ 각각의 시접을 양쪽으로 펼쳐 다림질한다.

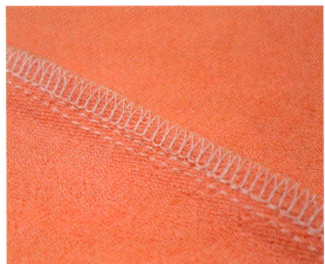

🐾 쌈솔

청바지, 한복 등에서 많이 쓰이는 시접정리방법으로 튼튼하고 원단 끝처리 역시 동시에 가능하다.

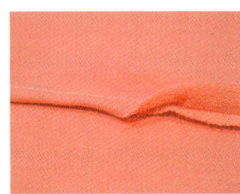

① 두 장의 원단을 박음질한 후 한쪽 시접을 짧게 자른다.

② 자르지 않은 시접으로 짧은 시접을 감싸 접고 자른 시접방향으로 꺾어 다림질 한 뒤 박음질
해준다.

🐾 상침

박음질이 끝난 후 겉감과 안감이 뜨지 않도록 고정하거나, 시접을 눌러 고정할 때 상침한다. 상침은 장식의 효과도 있으므로 간격을 일정하게 하는 것이 중요하다. 손바느질은 홈질하여 상침한다.

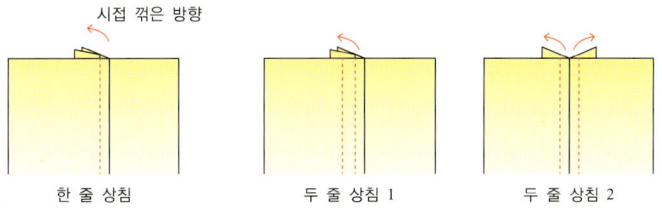

한 줄 상침　　　　　　두 줄 상침 1　　　　　　두 줄 상침 2

① 원단 두 장을 겉과 겉면이 마주보게 하여 박음질한다.

② 원단 뒷면이 마주보도록 뒤집어 시접을 안쪽으로 넣거나 한쪽으로 꺾어준다.

③ 겉면 쪽 완성선에서 3mm폭 위치에 박음질한다.

3. 옷의 끝단 마감하는 봉제 방법

🐾 접어박기

　가장 기본적인 끝단 정리 방법으로 오버록, 지그재그박기 등으로 끝을 정리한 뒤 시접 분량만큼 접어 한 줄로 박음질한다.

🐾 말아박기

　시접을 두 번 접어 다림질한 후 겉에서 박음질하는 방법으로 별도의 오버록 과정이 필요 없다.

　말아박기 노루발을 사용하면 시접을 말면서 한 번에 박음질할 수 있다.

🐾 커버스티치

시접 정리와 시접을 눌러 박는 박음질이 동시에 이루어지는 봉제방법으로 별도의 미싱이 필요하다. 겉은 두 줄의 박음질이 안쪽은 오버록 처리가 한번에 되어 편리하며 티셔츠의 소매단, 밑단에 주로 사용된다.

🐾 시보러(리쁘 봉제)

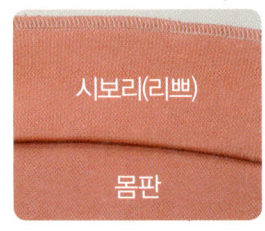

옷감의 끝단에 시보리감을 달아 마감하는 봉제방법으로 시보리를 추가로 연결하기 때문에 시보리 폭만큼 전체 길이가 길어진다. 추가되는 시보리 길이를 감안하여 패턴에서 몸판의 길이를 줄여줘야 한다. 바이어스 봉제와 마찬가지로 목, 소매, 밑단 등에 시보리를 연결할 때는 살짝 당겨 박으면 완성 후에 모양이 더 예쁘게 잡힌다.

① 시보리감을 반으로 접어 몸판의 겉과 시보리의 겉이 마주보도록 겹쳐 박음질한다.
② 오버록이나 지그재그로 시접을 정리한다.

🐾 바이어스(랍빠 봉제)

시접 끝을 바이어스 테이프로 감싸 정리하는 방법으로 전체 길이에 변화가 없다.

바이어스 만들기

바이어스는 필요한 만큼 원단으로 직접 만들어 사용할 수 있고 시중에 판매되는 바이어스 테이프를 구매해 사용할 수도 있다.

시중에 판매되는 바이어스는 편리하긴 하지만 다양한 색과 소재가 나오지 않으니 바이어스 만드는 방법을 알아두면 옷에 맞춰 상황에 맞춰 선택하여 완성도 높은 옷을 만들 수 있다.

사선 바이어스

① 원단을 45도 방향으로 접는다.

② '원하는 바이어스 폭 X 4' 길이로 원단에 선을 그어 자른다.

(보통 3.6~4cm로 완성 폭 0.9~1cm가 가장 흔하게 쓰인다)

③ 한 장은 겉이 보이도록, 한 장은 안이 보이도록 끝을 수직으로 겹친다.

④ 겹침분을 대각선 방향으로 박음질해 두 장을 연결한다.

⑤ 가름솔 처리한 후 삐져 나오는 부분을 잘라낸다.

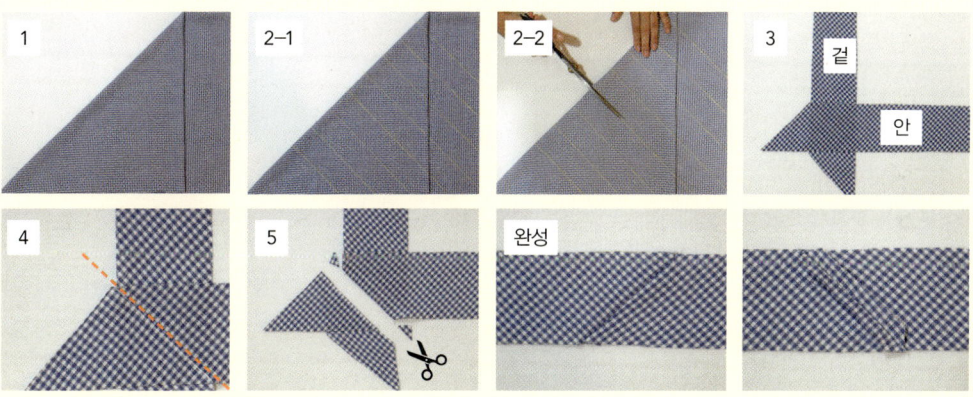

직선 바이어스

신축성이 좋은 다이마루 원단을 바이어스로 사용한다면 바이어스 방향이 아닌 식서나 푸서
방향으로 잘라 사용할 수도 있다.

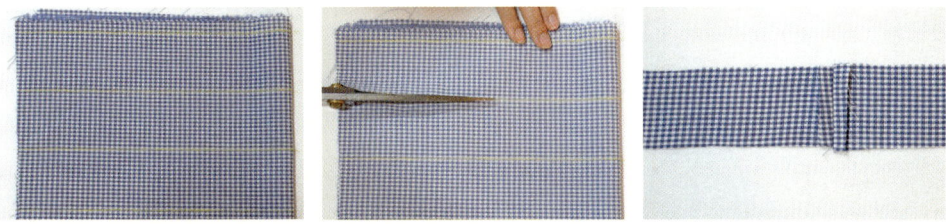

① 원단을 식서 또는 푸서 방향으로 놓고 원하는 길이로 선을 그려 잘라낸다.

② 두 장의 원단을 겉면끼리 마주보게 끝을 반복적으로 연결하여 긴 테이프를 만든다.

③ 가름솔로 이음 부분을 정리한다.

바이어스(랍빠) 봉제하기

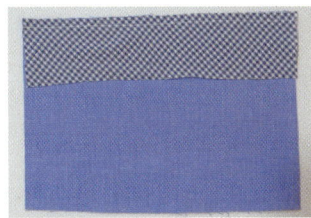

① 원단의 안쪽 면에 바이어스감의 안쪽 면이 위로 올라오도록 끝을 맞추고 박음질한다.

② 시접을 감싸듯이 바이어스감을 반대쪽으로 접어 넘긴다.

③ 겉면 쪽으로 넘긴 바이어스감은 안으로 두 번 접어 넣어 시접을 감싼다.

④ 바느질땀이 보이지 않도록 공그르기하거나 겉면 쪽에서 박음질한다.

바이어스봉제 TIP.

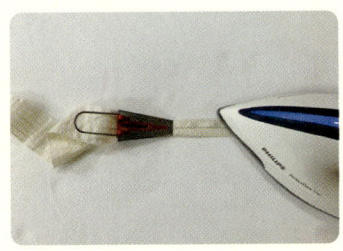

- 만들어 사용하는 바이어스는 바이어스테이프처럼 접혀진 형태로 미리 다림질하여 만들어 놓으면 원단에 끼워서 봉제할 수 있어 편리하다(바이어스메이커 도구를 사용하여 만들면 편리하다).
- 겉면 쪽에서 박음질하면 뒷면 쪽 바이어스가 같이 박히지 않는 경우가 있다.

바이어스테이프를 다림질 할 때 뒷면 쪽을 겉면 쪽보다 살짝 길게 다리면 뒷 면쪽이 박히지 않는 실수를 많이 줄일 수 있다.

- 목, 소매, 밑단 등에 바이어스 봉제를 할 때에는 살짝 당겨 박으면 완성 후에 모양이 더 예쁘게 잡힌다.

주름 만들기
🐾 재봉틀로 주름 만들기

주름 노루발을 사용하여 주름을 잡을 수 있다. 주름이 만들어 진 후 주름 분량 조절이 쉽지 않으므로 필요한 주름 분량이 정해져 있을 때에는 아래의 방법이나 손바느질을 사용하는 것이 좋다.

 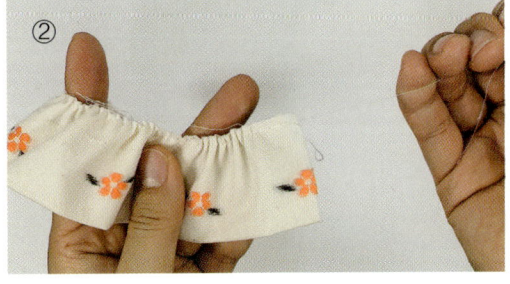

① 재봉틀의 장력과 땀수를 최대로 설정하고 봉제한 뒤 양쪽 실끝을 여유 있게 남겨 잘라낸다. 시작과 끝은 되돌아박기하지 않는다.
② 밑실을 잡고 원단을 반대 방향으로 밀어 주름을 잡는다. 반대쪽도 동일한 방법으로 주름을 잡아준다.

🐾 손바느질로 주름 만들기

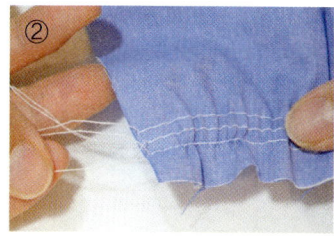

① 두 줄로 시접 부분에 작게 홈질하여 시작과 끝부분 실을 여유 있게 남겨 잘라준다.

② 자를 대고 원하는 길이가 되도록 주름을 풀거나 당겨 조절한다.

③ 양끝에 남겨둔 실은 박음질 후 길이 조절이 필요할 수 있으므로 미리 자르지 않고 최종 박음질 후에 잘라낸다.

🐾 고무줄을 이용하여 주름 만들기

강아지 옷에는 고무줄을 활용하는 봉제가 많다. 4골, 6골 밴드가 주로 많이 사용되며 고무줄이 들어가는 폭에 따라 고무줄의 폭도 늘어난다.

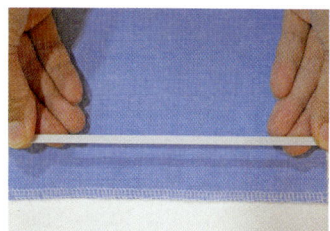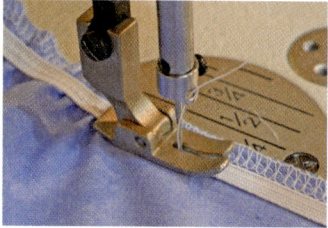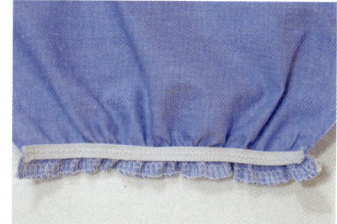

① 시접 부위에 원하는 길이의 고무줄을 올린 후 고무줄을 당겨가며 원단과 함께 전체 또는 양끝만 고무줄을 고정하여 박아준다.

② 고무줄을 감싸듯이 시접을 안쪽으로 접어 박음질한다. 이때 원단이 펼쳐지도록 당기면서 박아준다.

③ 박음질이 완성되면 고무줄이 원상태로 돌아오면서 주름이 잡힌다.

🐾 가위집

가위집은 원단을 뒤집기 전 시접을 일정한 간격으로 잘라주어 모서리 부분이나 곡선 부분의 모양이 예쁘게 잡힐 수 있도록 하는 과정이다.

가위집을 줄 때에는 박음질한 부분이 잘리지 않도록 주의하되 박음질 선에 최대한 가깝게 잘라주는 것이 좋다.

🐾 창구멍

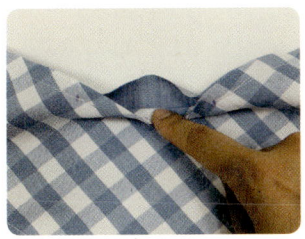

창구멍은 원단 안쪽에서 박음질한 후 겉면 쪽으로 뒤집어 주기 위해 남겨두는 구멍이다. 뒤집기 전 시접이 두꺼워지지 않도록 짧게 잘라 정리해주는데 창구멍 부분은 시접을 남겨두어야 뒤집은 뒤 창구멍을 막을 때 편하다. 창구멍은 공그르기 또는 상침으로 막아준다.

🐾 심지 붙이기

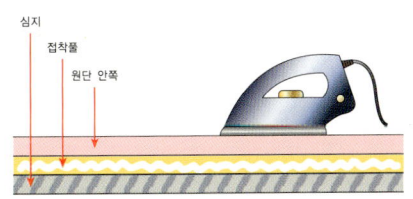

심지는 칼라나 안단, 단추 구멍 등 형태를 유지시켜야 하는 위치에 원단에 힘을 주기 위해 붙이는 원단으로 한쪽 면에 접착 풀이 발라져 있어 다리미로 원단에 붙여 사용한다.

1) 심지의 종류
- 실크(폴리)심지는 일반적으로 많이 사용되는 심지로, 부드럽고 늘어나는 성질이 있어 얇고 부드러운 소재에 사용한다.
- 아사(면)심지 면 소재가 섞인 심지로 실크심지보다 두껍고 힘이 필요한 원단에 붙여 사용한다.

2) 심지 붙이는 방법
① 원단 뒷면에 심지의 접착 풀이 발라져 있는 까끌거리는 면을 마주보도록 올린다.
② 다리미 온도를 '실크'(약140~160도)로 하여 심지 겉면을 4~5초간 지긋이 눌러주면 열이 식으며 심지가 고정된다.

Chapter 5

강아지 옷 패턴의 이해

    패턴은 전문기술이 필요한 분야이기 때문에 디자이너가 패턴을 A부터 Z까지 배우기 위해서는 패턴만을 전문적으로 공부하는 과정이 필요하다. 보통 패턴은 패턴 전문가에게 의뢰하여 제작하는 것이 일반적이므로 펫패션 디자이너가 패턴을 그리는 방법을 반드시 알아야하는 것은 아니지만 패턴을 이해하지 못하면 옷의 문제점을 파악하기 어렵고 어떻게 수정하여야 편안하고 완성도 높은 옷을 만들 수 있는지 스스로 파악하기 어려우므로 기본적인 패턴에 대한 이해는 필요하다.

    펫패션 디자인의 기본기를 다지는 본 2급 과정에서는 교재와 함께 제공하는 사이즈별 기본 패턴을 활용하여 패턴에 대한 기본지식을 익히고 기본 패턴을 원하는 사이즈의 맞춤패턴으로 수정하는 방법을 배워보자.

1. 강아지 사이즈 측정하기

강아지 옷을 만들기 위해서 필요한 부위별 치수를 측정하는 방법을 알아보자.

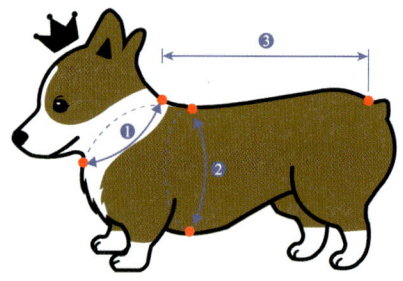

🐾 부위별 사이즈 측정하는 방법

① 목 둘레: 목의 가장 아랫부분의 둘레를 여유분 없이 잰다. 편안한 핏의 티셔츠 착장시 목봉
제선 부위의 둘레를 재도 좋다.

② 가슴 둘레: 강아지가 서 있을때 가슴에서 가장 굵은 부분의 둘레를 여유분 없이 잰다. 숨을
들이마시고 내뱉을때 치수 차이를 감안해 여러 번 측정해 평균 치수를 사용한다.

③ 등 길이: 등목점에서 꼬리를 세우고 꼬리직전까지 잰다. 강아지 등의 곡선을 따라가지 않고
등목점에서 줄자를 직선으로 늘려 측정한다.

목둘레, 가슴둘레, 등길이는 강아지옷을 만들기 위해 반드시 필요한 사이즈이며 그 외 다른 부
위들은 필요에 따라 추가로 측정해두면 정확한 패턴을 그리는데 도움이 된다.

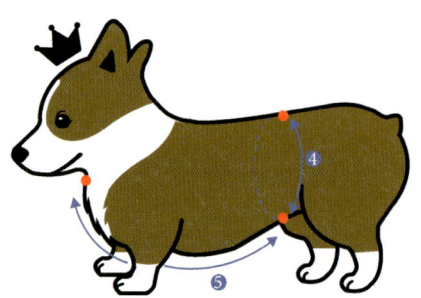

④ 배 둘레: 뒷다리 앞쪽에 가장 얇은 몸통둘레를 잰다.

⑤ 앞가슴 길이: 앞목점에서 배둘레를 측정한 배점까지의 직선길이를 잰다. 수컷의 경우 생식기 앞까지의 길이로 배변에 불편을 주지 않을 배 위치점까지의 길이를 잰다.

⑥ 가슴폭: 똑바로 선 자세에서 앞다리 겨드랑이점 사이의 간격을 잰다.

⑦ 앞다리 길이: 앞다리 겨드랑이 점에서 발목이 꺾이는 지점까지의 직선거리를 잰다.

🐾 사이즈 측정시 유의할 점

- 사이즈를 측정할때 자세에 따라 치수 변화가 크므로 정면을 응시하고 똑바로 서있는 자세에서 측정한다.

- 사이즈는 여러 번 측정해 평균치를 사용한다.

- 성장기의 강아지는 치수가 계속 변화하고 성견도 체형 또는 치수가 조금씩 변화하므로 옷을 만들기전에 다시 한번 사이즈를 체크하는것이 좋다.

- 사이즈 측정은 기본적으로 여유분 없이 정사이즈를 체크하고 원단과 디자인의 특성에 맞게 패턴에서 여유분을 포함시킨다.

- 털이 많은 견종이나 미용상태에 따라 여유분을 감안해 측정한다. 모량으로 실체형과 측정사이즈의 차이가 많이나는 경우 가봉을 통한 사이즈 확인이 중요하다.

(1) 기본 패턴을 활용하여 맞춤 패턴 그리기

기준 사이즈 정하기
🐾 사이즈표

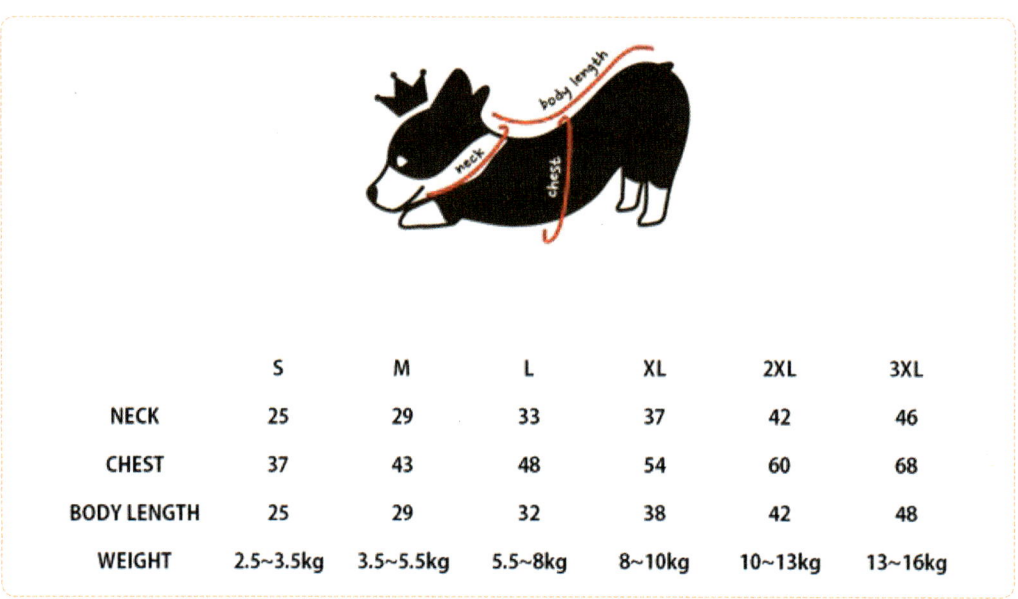

	S	M	L	XL	2XL	3XL
NECK	25	29	33	37	42	46
CHEST	37	43	48	54	60	68
BODY LENGTH	25	29	32	38	42	48
WEIGHT	2.5~3.5kg	3.5~5.5kg	5.5~8kg	8~10kg	10~13kg	13~16kg

앞에서 배운 부위별 사이즈 측정하는 방법으로 강아지의 사이즈를 측정하고 사이즈표에서 가장 가까운 사이즈를 확인하여 기본 패턴 사이즈를 선택한다.

안내된 사이즈 표는 이 책에서 사용하는 기준 사이즈 표로 임의 결정 된 평균 치수이므로 절대적인 치수는 아니다. 모든 강아지들은 신체사이즈가 다르므로 기준 사이즈 패턴을 수정하여 강아지 몸에 꼭 맞는 맞춤 사이즈 패턴을 만들 수 있다.

기준 패턴 옮겨 그리기

1. 준비물: 기준 패턴, 부직포 패턴지, 펜
2. 기준 패턴 위에 부직포 패턴지를 올리고 선택한 사이즈의 패턴을 옮겨 그린다.
3. 패턴에 사이즈 및 식서 방향, 골선 등 패턴 정보를 표시한다.

4. 부직포 패턴지가 얇아 수정 패턴을 그리거나 재단할 때 불편하다면 패턴을 두꺼운 종이에 옮기거나 붙여 오리면 사용하기 편리하다.

🐾 패턴을 옮길 때 주의할 점

− 여러 사이즈의 패턴이 겹쳐져 있으므로 겹쳐진 부분의 사이즈가 헷갈리지 않도록 주의한다. 선택한 사이즈가 잘 보이도록 두꺼운 펜으로 먼저 따라 그려 놓으면 좋다.
− 패턴을 크게 수정할 경우를 대비해 패턴 사면에 여유공간이 있도록 옮겨그리는 것이 좋다.
− 패턴에는 사이즈 및 작업시 필요한 패턴기호들을 기입해 놓아야 한다.

2. 패턴 기호 이해하기

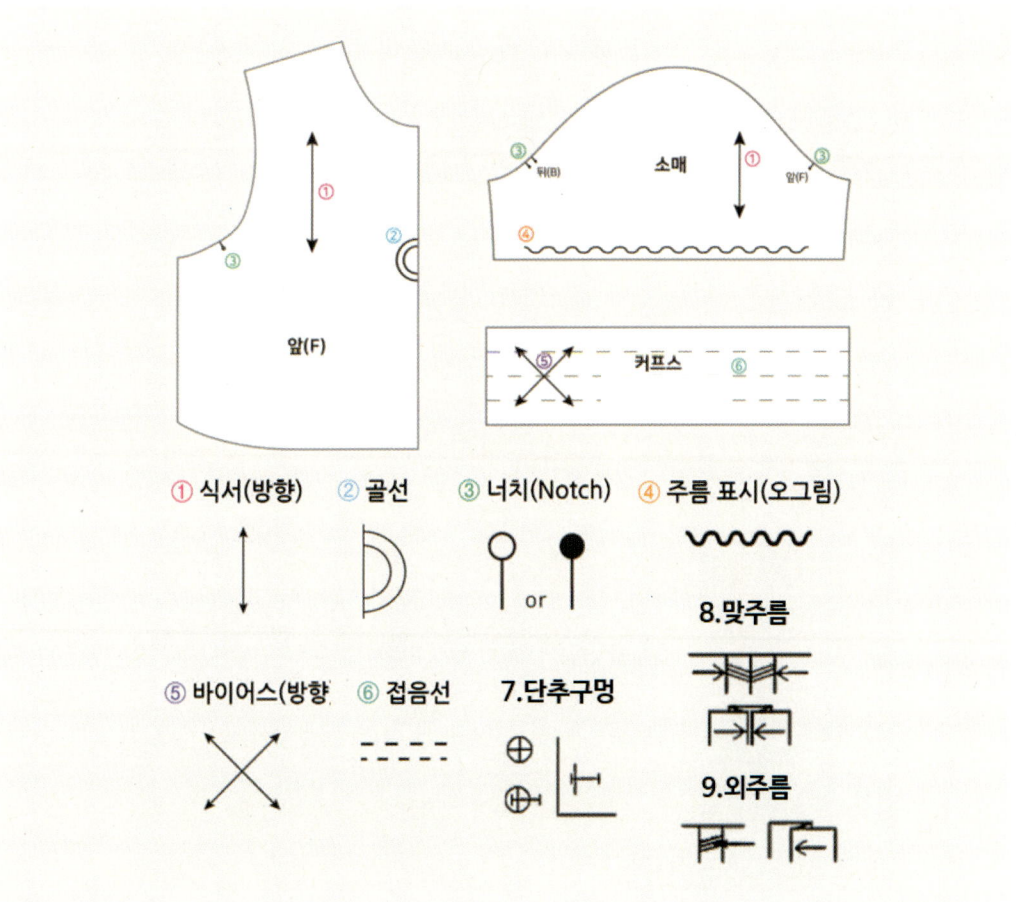

3. 패턴 수정하기

    패턴을 수정하는 과정은 기본 패턴을 원하는 사이즈로 수정하는 과정과 가봉을 통해 사이즈와 핏을 체크한 후 패턴을 보완하여 수정하는 과정이 필요하다. 패턴은 동일한 강아지가 입더라도 원단의 두께 또는 신축성에 따라 달라질 수 있으므로 원단이 변경되면 가봉의 과정을 거쳐 다시 패턴을 수정해야한다. 패턴과 가봉, 수정의 과정을 반복하고 여러 번 옷을 만들어 볼수록 더욱 몸에 잘 맞는 패턴을 완성할 수 있다.

(1) 몸판 패턴 사이즈 수정하기

🐾 가슴둘레 + 목둘레 함께 수정하기

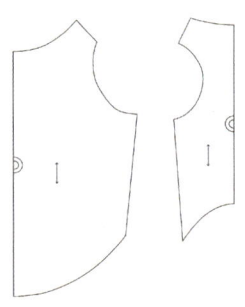

① 종이에 기본 패턴을 옮겨 그린다.

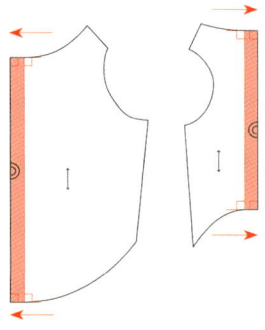

② 늘리기: 등 중심과 배 중심에서 늘리고자 하는 길이의 1/4 만큼 평행으로 이동하여 선을 그린다.

    ※ 늘리고자 하는 길이의 1/2은 등판 중심에서, 나머지 반절은 배판 중심에서 키운다. 골선을 이용한 반쪽 패턴이기 때문에 한쪽에서 1/4분량을 키우면 양쪽에서 총 1/2분량이 키워지게 된다.

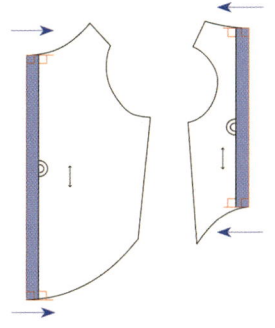

③ 줄이기: 늘리기와 동일한 방법으로 줄이고자 하는 길이의 1/4을 등 중심과 배 중심에서 안쪽으로 평행 이동하여 선을 그린다.

> ※ 몸판의 진동둘레가 수정되면 소매의 진동둘레도 반드시 함께 수정해주어야 한다.

🐾 가슴둘레+진동둘레 함께 수정하기 – 늘리기

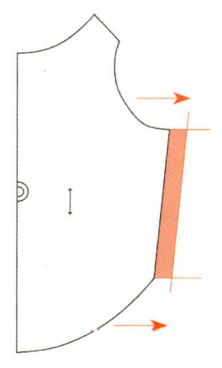

① 등판 패턴의 옆선을 키우고자 하는 분량의 1/2 길이만큼 평행 이동한다.

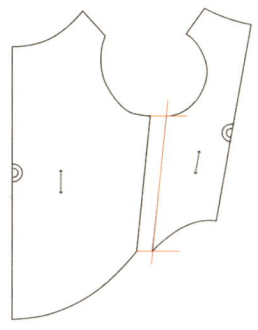

② 이동한 옆선에 배판의 옆선을 붙인다.

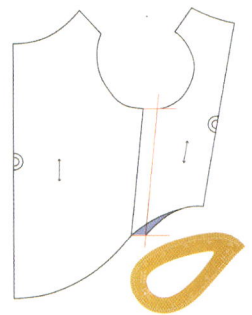

③ 곡자를 이용해 어긋난 밑단 선을 이어서 그려준다.

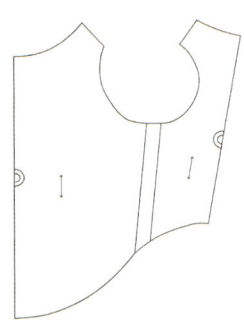

④ 빗금 부분을 잘라내어 패턴을 정리한다. 가슴둘레와 소매 진동둘레가 함께 늘어났다.

🐾 가슴둘레+진동둘레 함께 수정하기 – 줄이기

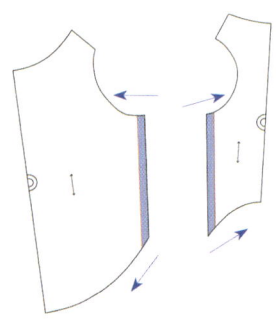

① 등판과 배판의 옆선을 줄이고자 하는 분량의 1/4 길이만큼 패턴 안쪽으로 평행 이동한다.

※ 줄이고자 하는 분량의 절반을 등판과 배판에 반절씩 나눠 줄이기 때문에 한쪽에서 1/4 분량씩을 줄이게 된다.

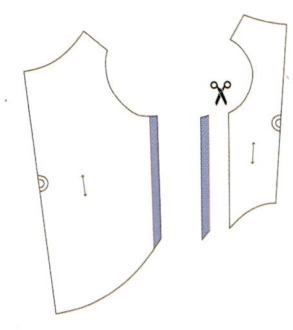

② 배판 옆선에서 줄인 분량을 잘라낸다.

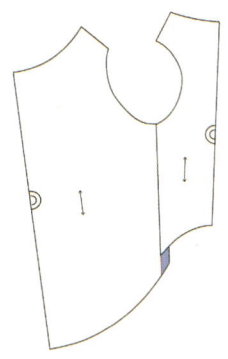

③ 등판의 수정한 옆선에 배판 옆선을 붙인다.

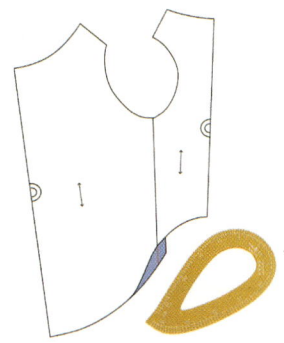

④ 곡자를 이용해 어긋난 밑단선을 이어서 그려준다.

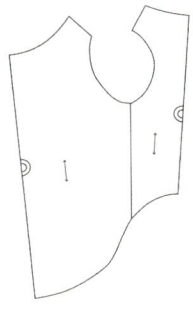

⑤ 빗금 부분을 잘라내어 패턴을 정리한다. 가슴둘레와 소매진
　동이 함께 줄어들었다.

(2) 목둘레 수정하기

🐾 목둘레만 수정하기

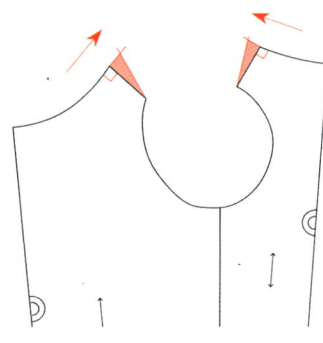

① 늘리기: 등판과 배판의 목둘레선을 어깨선과 수직으로 연
　장한다. 늘리고자 하는 길이의 1/4만큼을 연장한 선에 표시
　한 뒤 어깨점과 사선으로 연결해준다.

　※ 늘리고자 하는 길이를 등판과 배판에서 각각 1/2씩
　키우는데 반쪽 패턴이므로 한 번 　더 1/2하여 한쪽에서
　1/4씩 키우게 된다.

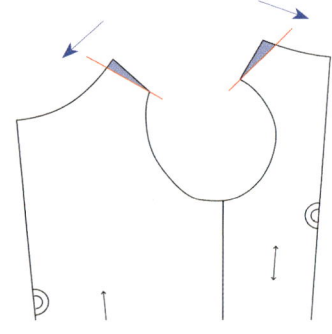

② 줄이기: 줄이고자 하는 길이의 1/4를 목둘레선 안쪽으로
　표시한 뒤 어깨점과 연결하여 선을 그린다.

🐾 목둘레와 진동둘레를 함께 수정하기

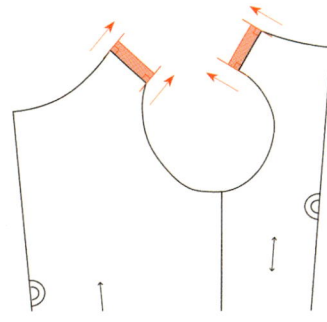

① 늘리기: 등판과 배판의 목둘레선과 진동둘레선을 어깨선과 수직선으로 연장하여 그려준다. 늘리고자 하는 길이의 1/4를 연장선에 표시한 후 어깨선에서 평행 이동하여 선을 그어준다.

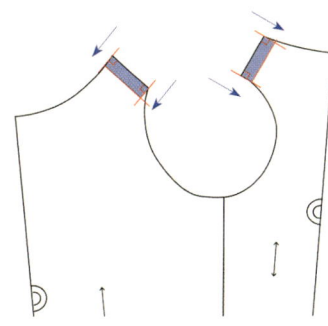

② 줄이기: 늘리기와 동일한 방법으로 줄이고자 하는 길이의 1/4을 어깨선에서 패턴 안쪽으로 평행 이동하여 선을 그어준다.

(3) 등 길이 수정하기

☙ 등 길이+배 길이 함께 늘리기

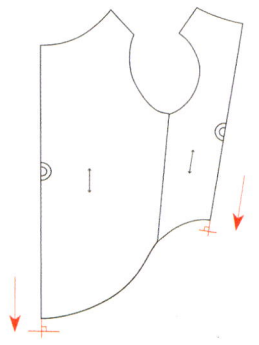

① 등판과 배판의 옆선을 붙여 그린 뒤, 등 중심선과 배 중심선을 연장하여 그려준다.

② 늘리고자 하는 길이를 연장선에 표시한 뒤 수직선을 그려준다.

※ 배 길이를 늘릴 경우 생식기의 위치를 체크하여 길이를 수정해야 한다.

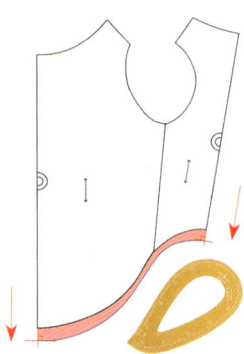

③ 곡자를 이용하여 등판과 배판의 연장된 수직선을 이어 그려준다.

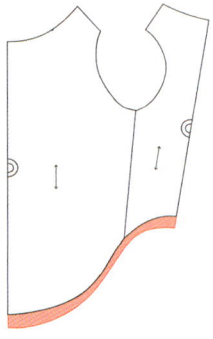

④ 등 길이+배 길이 늘리기 완성

🐾 등 길이만 늘리기

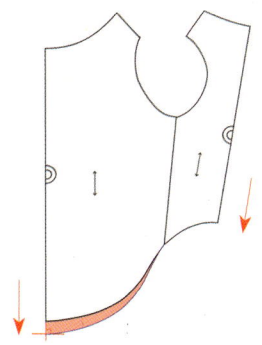

등 길이만 늘리고자 할 때에는 등 중심에서 연장한 수직선을 옆선 끝점과 곡선으로 자연스럽게 이어준다.

※ 빨간색 부분이 키워진 분량이다.

🐾 등 길이+배 길이 함께 줄이기

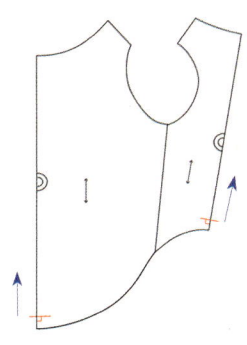

① 늘리기와 동일한 방법으로 줄이고자 하는 길이를 등 중심선 안쪽으로 표시한 뒤 수직선을 그려준다.(배 중심선 동일)

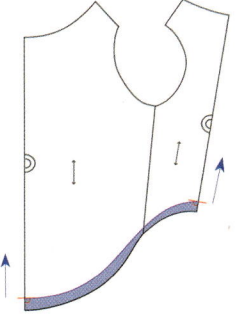

② 곡자를 이용해 기본 패턴의 곡선과 유사하게 등 중심, 배 중심의 수직선을 이어준다.

※ 파란색 부분이 잘려나가는 부분이다.

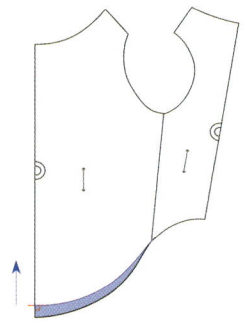

줄이고자 하는 등 길이만큼 등 중심선에서 패턴 안쪽으로 수직선을 그린 뒤 옆선과 곡선으로 자연스럽게 이어준다.

※ 파란색 부분이 잘려나가는 부분이다.

(4) 등 너비 수정하기

🐾 등 너비 늘리기

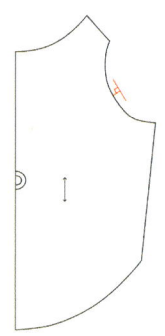

① 등 진동둘레의 가장 오목하게 들어간 부분을 표시한 뒤 키우고자 하는 길이만큼 바깥으로 이동해 수직선으로 표시한다.

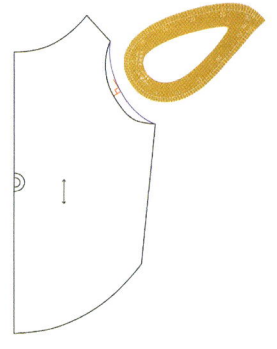

② 옆선과 어깨선도 수직선으로 연장하여 그려준 뒤, 곡자를 이용해 자연스럽게 선으로 이어준다.

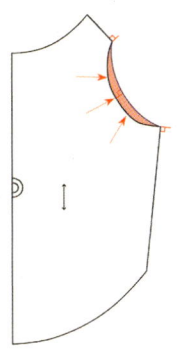

③ 등 너비 패턴 키우기 완성

🐾 등 너비 줄이기

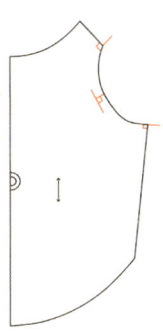

① 등 너비 늘리기와 동일하게 소매진동에서 가장 오목한 지점에서 줄이고자 하는 분량만큼 패턴 안쪽으로 이동해 수직선으로 표시한다.

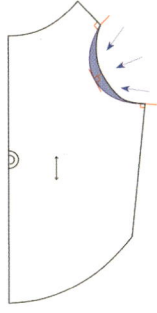

② 곡자를 이용해 겨드랑이점과 어깨선을 자연스럽게 선으로 이어준다.

(5) 진동깊이 수정하기

🐾 진동깊이 내리기

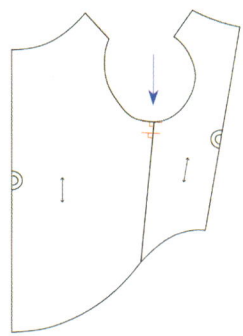

① 등판과 배판 패턴의 옆선을 이어붙인 뒤 겨드랑이 점에서 진동깊이를 내리고 싶은 분량만큼 수직으로 평행 이동한다.

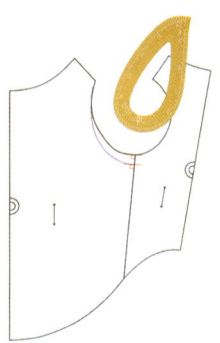

② 곡자를 이용해 등판과 배판의 소매진동에서 가장 오목한 지점과 이어 새로운 진동 라인을 그려준다.

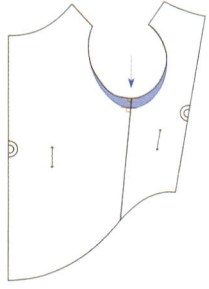

③ 파란색 친 분량만큼 진동깊이가 내려갔다.

🐾 진동깊이 올리기

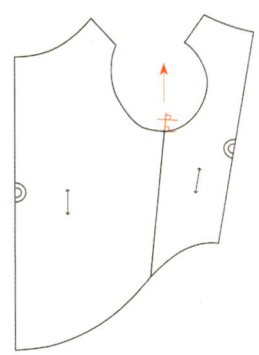

① 진동깊이 내리기와 동일한 방법으로 겨드랑이점에서 올리고자 하는 분량만큼 위로 평행 이동한다.

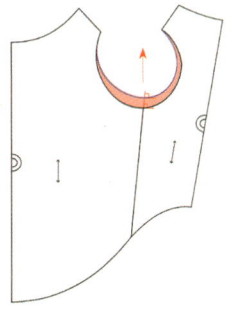

② 곡자를 이용해 새로운 진동라인을 그려주면 빨간색 분량만큼 진동부분의 패턴이 채워진다.

4. 핏 수정하기

🐾 등판 진동 줄이기

등 쪽 소매 진동둘레가 남거나 뜰 때, 남는 부분을 잡아 분량을 확인한 후 패턴에서 진동 둘레를 줄여서 뜨는 모양을 잡아준다.

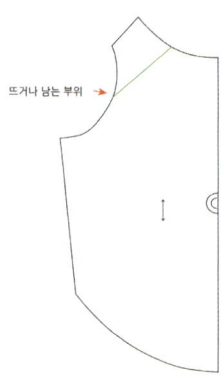

① 뜨거나 남는 진동부분의 위치를 표시하고 목라인 중심점을 표시하여 두 지점을 선으로 이어준다.

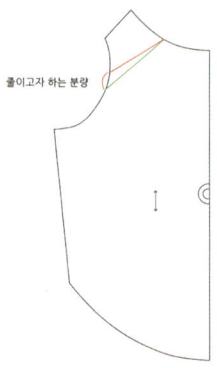

② 줄이고자 하는 분량을 진동둘레에 표시한 뒤 목라인 중심점과 이어 선을 그린다.(빨간선)

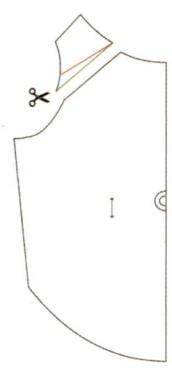

③ 처음 그린 선을 따라 패턴을 자른다.

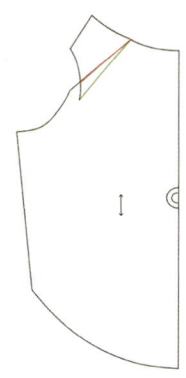

④ 잘라낸 패턴을 수정한 빨간선에 맞춰 옮겨 붙인다.

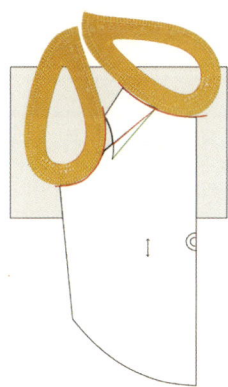

⑤ 뒷면에 종이를 대고 어긋난 진동라인을 곡자를 이용해 다시 그려준다.

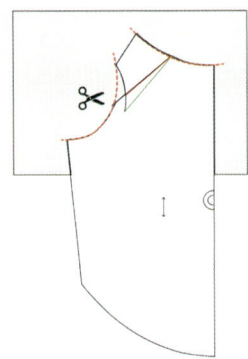

⑥ 새로 그려진 진동라인으로 패턴을 잘라 기존패턴과 테이프 등으로 이어 붙인다.

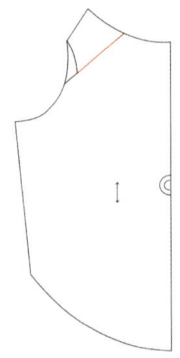

⑦ 진동둘레가 줄면서 뜨는 분량이 없어져 핏이 수정되었다.

🐾 배판 진동 줄이기

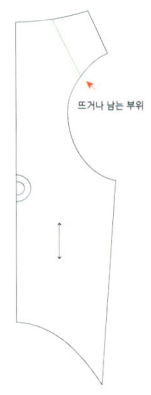

뜨거나 남는 부위

① 등판 진동 줄이는 방법과 동일하다. 뜨거나 남는 진동 부위 지점과 목둘레 중심지점을 이어 선을 그린다.

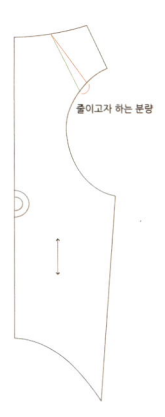

줄이고자 하는 분량

② 줄이고자 하는 분량을 진동에 표시한 후 빨간선으로 그려준다.

③ 처음 그린 선을 따라 패턴을 자른 뒤 빨간선에 맞춰 옮겨 붙인다.

④ 목선과 진동선을 곡선으로 정리
한다.

🐾 배판길이+진동 줄이기

배판(앞가슴) 길이가 길어 남거나 늘어지는 경우 앞가슴 길이를 전체적으로 줄여주어 핏을 수정한다.

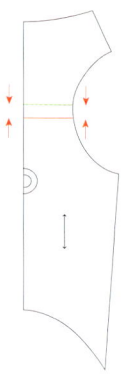

① 배 진동에 가장 오목한 지점에 수직선을 긋고 줄이고자 하는 분량만큼 이동하여 빨간선을 긋는다.

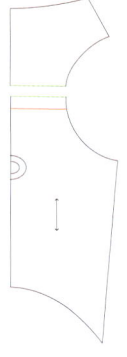

② 처음 그은 선을 따라 패턴을 자른 뒤 빨간선에 맞춰 이어 붙인다.

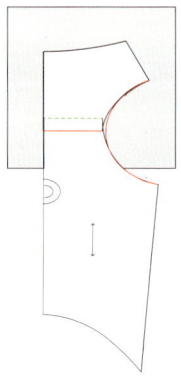 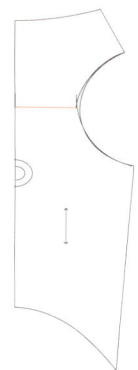

③ 줄이고자 하는 분량만큼 앞길이 짧아져 앞가슴 부위에 뜨는 분량이 없도록 핏이 수정되었다.

🐾 밑단 둘레 줄이기

강아지 체형을 가슴둘레가 크고 배, 엉덩이 쪽으로 내려올수록 둘레가 작아져 등판 밑단 부위가 남거나 뜨는 현상이 있을 수 있다. 옆선 쪽에서 조금씩 좁아져 내려오며 둘레를 줄여줄 수도 있고, 밑단에서 다트를 잡아 남는 분량을 잡아줄 수 있다.

🐾 옆선에서 줄이기

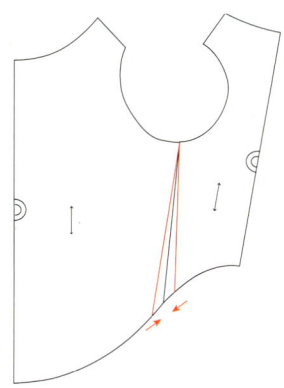

① 줄이고자 하는 분량의 1/4을 등판과 배판 옆선의 밑단에서 각각 패턴 안쪽으로 표시해 빨간선으로 그려준다.

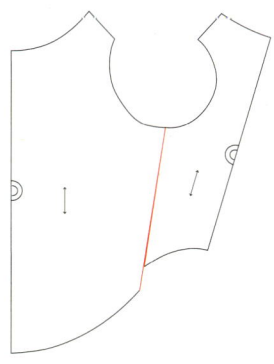

② 배판쪽 옆선을 수정한 선으로 잘라 등판쪽 빨간선에 맞춰 붙여준다.

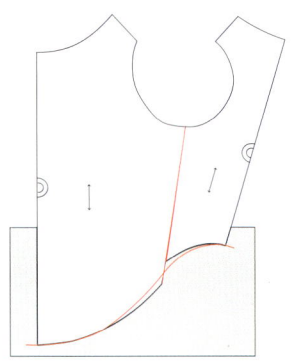 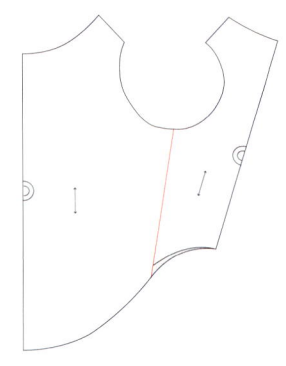

③ 어긋난 밑단선을 곡자로 이용
해 그려전 뒤 선 바깥부붙은
잘라내고 선 안쪽 부족한 부
분을 종이를 덧대 붙여준다.

🐾 밑단 다트를 잡아 줄이기

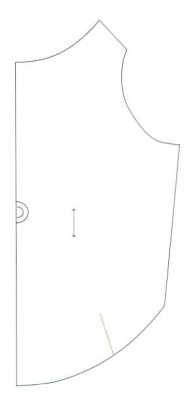

① 등판 중심을 기준으로 양쪽으로 남는 분량을 잡아 체크한다.
남는 부위 위치에 3~4cm정도 길이의 선을 패턴 안쪽 방향으
로 그어준다.

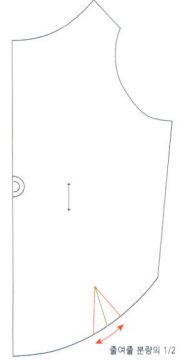

줄여줄 분량의 1/2

② 그어준 선을 중심으로 남는 분량을 양쪽에 동일한 길이로 표시
해 선으로 그려준다(빨간선) 재단시 원단에 이 선을 표시한 뒤
다트 분량을 봉제하여 남는 분량을 없애준다.

5. 소매패턴 수정하기

소매통 수정하기

🐾 소매통 늘리기

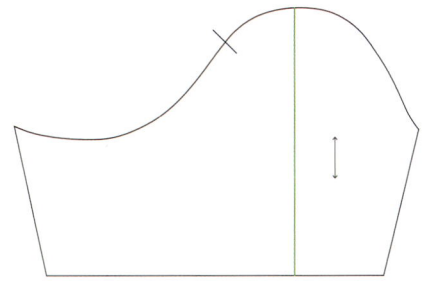

① 소매산이 가장 높은 점에서 수직으로선을 내려 그어준다.

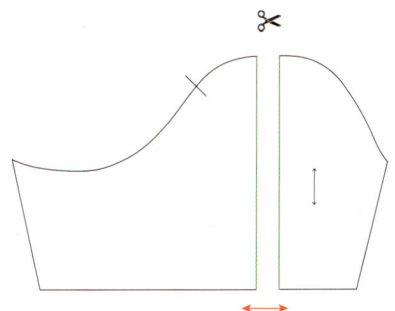

② 선을 따라 패턴을 자른 뒤 늘리고자 하는 분량만큼 패턴을 벌려준다.

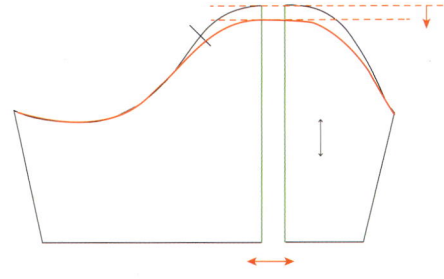

③ 소매통이 늘어나면서 소매둘레도 함께 커졌다. 몸통 소매둘레와 맞추기 위해 소매산을 낮춰 소매둘레를 줄여주어야한다. 패턴은 벌려준 길이의 1/2 만큼 소매산을 낮춰 새로운 소매선을 그려준다.

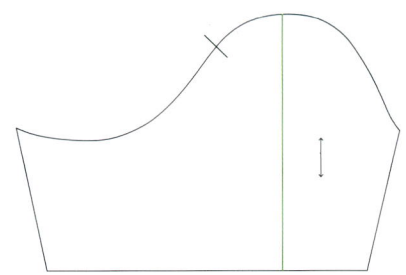

① 소매산이 가장 높은 점에서 수직으로 선을
   내려 그어준다.

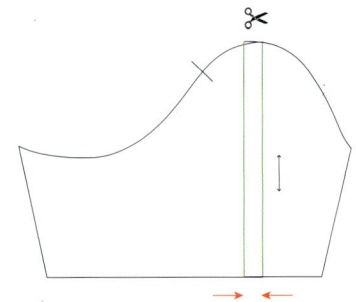

② 선을 따라 패턴을 자른 뒤 줄이고자 하는
   분량만큼 패턴을 겹쳐준다.

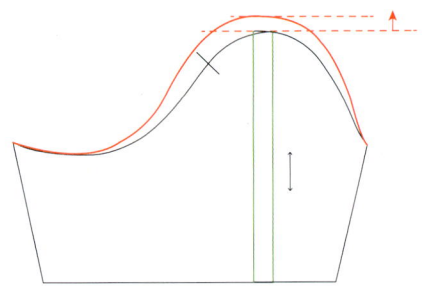

③ 소매통이 줄면서 소매둘레도 함께 줄었다.
   몸통 소매둘레와 맞추기 위해 소매산을 높
   여 소매둘레를 늘려주어야한다.

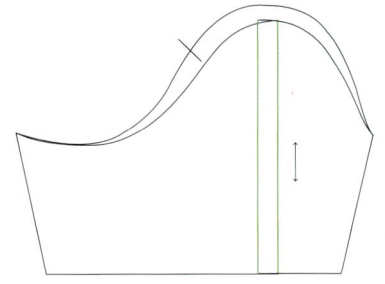

④ 소매통을 줄여준 길이의 1/2 만큼 소매산을
   높여 새로운 소매선을 그려준다.

소매부리 수정하기

🐾 소매부리 늘리기

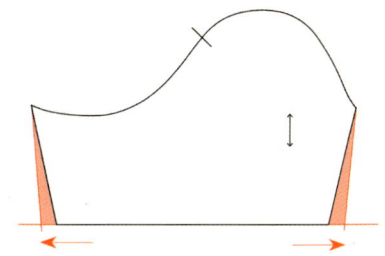

소매 밑단에서 늘리고자 하는 길이의 1/2을좌, 우에서 각각 키워 표시한 뒤 소매 진동 끝점과 연결하여 선을 그어준다.

🐾 소매부리 줄이기

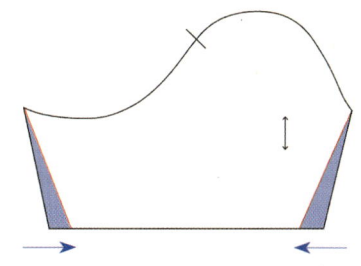

소매 밑단에서 줄이고자 하는 길이의 1/2을좌, 우에서 각각 패턴 안쪽으로 표시한 뒤 소매 진동 끝점과 연결하여 선을 그어준다.

소매 길이 수정하기

🐾 소매 길이 늘리기

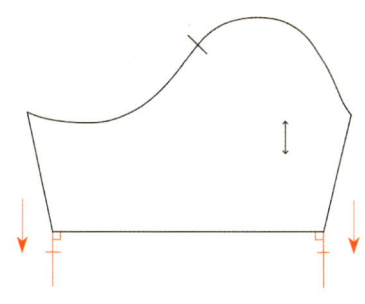

① 소매 밑단 양 끝점에서 아래로 수직선을 그린 후 늘리고자 하는 길이를 표시한다.

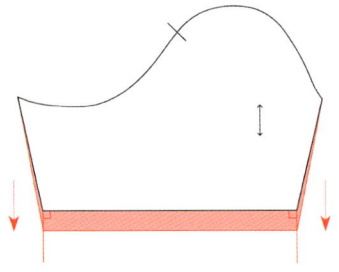

② 표시한 두 지점을 직선으로 연결하고 양쪽
  소매진동, 끝점과 연결하여 선을 그어준다.

🐾 소매 길이 줄이기

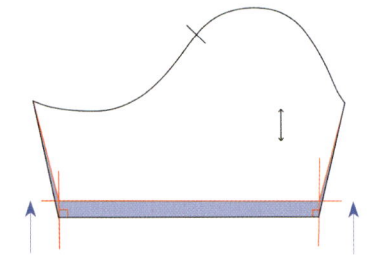

소매 밑단이 곡선으로 굴려져 있는 경우 같은
모양의 곡선으로 올려 그려준다.

소매 진동 수정하기

🐾 소매 진동 늘리기

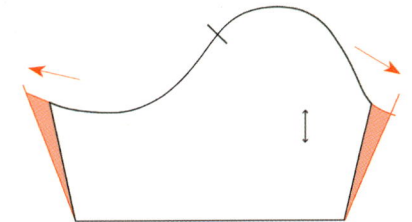

소매 진동 양 끝점을 연장하여 그려준 뒤 늘리고자 하는 길이의 1/2씩 양 끝에서 이동해 소매 밑단 양 끝점과 이어서 선을 그려준다.

🐾 소매 진동 줄이기

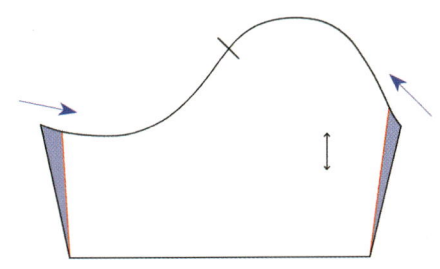

소매 진동 양 끝점에서 줄이고자 하는 길이의 1/2씩 패턴 안쪽으로 이동해 표시한 뒤 소매 밑단 양 끝점과 이어서 선을 그려준다.

※ 소매의 진동길이를 수정하면 수정된 진동길이에 맞게 몸판의 진동길이도 반드시 수정해 주어야 한다.

※ 소매 진동길이가 수정되면 좌우 옆선의 길이가 달라질 수 있다. 이럴 때에는 밑단도 동일하게 이동하여 옆선의 길이를 맞춰주어야 한다.

6. 바지패턴 수정하기

바지통 수정하기

🐾 바지통 늘리기

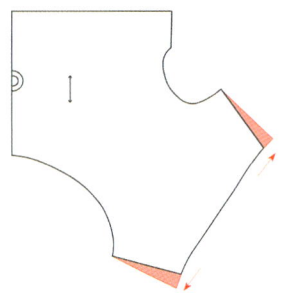

소매통을 늘리는 방법과 동일하다. 늘리고자 하는 길이의 1/2을 밑단 좌우에서 연장하여 늘려준다.

🐾 바지통 줄이기

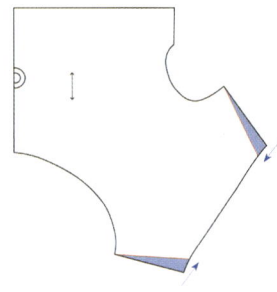

줄이고자 하는 분량의 1/2을 밑단 좌우에서 패턴 안쪽으로 이동하여 줄여준다.

바지 길이 수정하기

🐾 바지 길이 늘리기

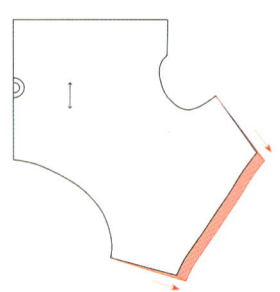

바지 밑단 양 끝점에서 늘리고 싶은 분량만큼 아래로 수직으로 선을 내리고 양쪽 옆선을 정리해준다.

🐾 바지 길이 줄이기

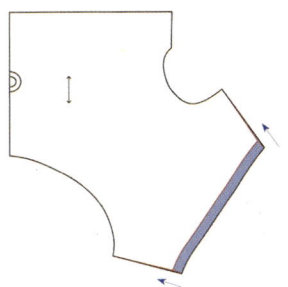

패턴 안쪽으로 줄이고 싶은 만큼 수직으로 선을 올린 후 옆선을 정리해준다.

🐾 꼬리 둘레 수정하기

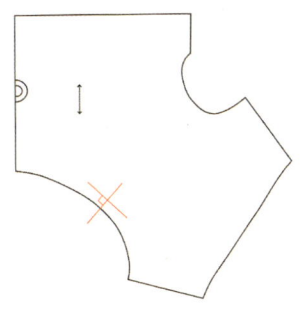

① 꼬리와 허벅다리 안쪽을 감싸는 둘레가 작으면 걷는데 불편함을 느낄 수 있다. 이 부분의 둘레 길이를 늘리려면 패턴의 중앙 지점에서 늘리고 싶은 만큼 패턴 안쪽으로 이동하여 수직선을 그려준다.

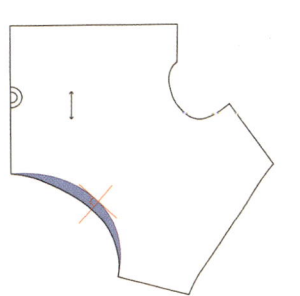

② 꼬리 쪽 바지 중심점과 이동한 지점, 바지단 옆선의 허벅지 안쪽 점을 곡선으로 자연스럽게 이어준다.

※ 꼬리 둘레 부분에는 안쪽에 고무줄 처리를 하는 경우가 많다. 고무줄 길이에 여유를 주고 꼬리 둘레 부분과 바지통의 여유분에 따라 편안한 착장감과 바지의 볼륨감을 조절할 수 있다.

7. 후드 패턴 수정하기

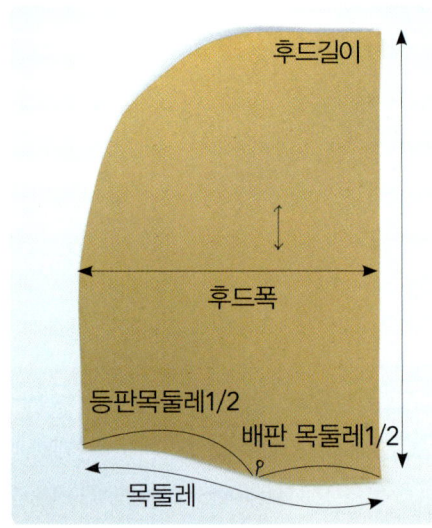

후드 폭과 길이는 몸판, 소매 등의 패턴 수정 방법과 동일하다.

후드의 목둘레는 몸판의 목둘레와 동일해야 한다.

재단하기

원단에 패턴을 옮겨 그리고 잘라내는 과정을 재단이라 한다.

가봉과 수정을 거쳐 패턴이 완성되면 원단에 옮겨 재단하기 전에 패턴에 완성선과 시접선을 그려야 한다.

- 완성선: 패턴 그대로 옮겨 그리는 선. 봉제시 이선을 따라 봉제한다.(봉제선)
- 시접선: 완성선 바깥으로 시접 분량을 추가하여 그린 선. 원단은 시접선을 따라 잘라낸다.

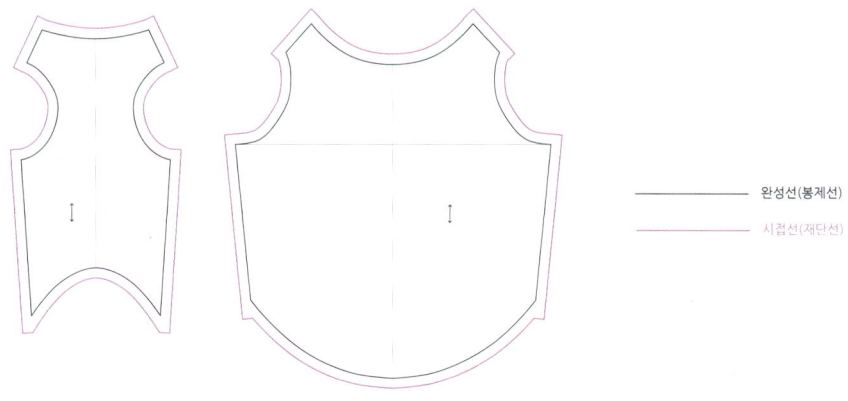

시접그리기

시접은 봉제를 위한 분량으로, 보통 1cm를 가장 많이 사용하고 봉제 방법에 따라 시접이 필요한 부분과 필요하지 않은 부분이 있으므로 구분하여 그려준다.

- 시접이 필요 없는 경우: 바이어스(랍빠) 봉제할 경우, 끝단을 인터록 처리할 경우
- 시접 1cm: 원단끼리 연결하는 부위
- 시접 1.5cm 또는 2cm: 끝단을 접어박거나 말아박는 경우(소매단, 바지단, 스커트 끝단 등)

🐾 시접 그리는 방법

1. 직선 부분은 패턴의 완성선에서 1cm 간격으로 그려주고 곡선 부분은 1cm 간격에 조금씩 옆으로 이동해가며 여러 개의 점을 찍어 점을 자연스럽게 이어 시접선을 그린다.

2. 모서리 부분을 모두 1cm 간격으로 이어 그리면 각도가 다른 두 면을 겹칠 때 시접선의 길이가 달라지는 경우가 있다. 그럴 때에는 모서리 부분의 시접은 1x1cm 직각으로 그려주면 길이를 맞춰 그릴 수 있다.

🐾 재단할 때 주의할 점

1. 원단의 뒷면에 완성선과 시접선을 그린다.
2. 원단의 방향과 패턴의 방향을 식서 또는 바이어스로 필요에 맞는 방향으로 맞추어 패턴을 옮겨 그리고 재단한다.
3. 패턴에 골선 표시가 있는 경우 골선을 기준으로 좌우 대칭으로 패턴을 그린다.
4. 소매 패턴은 좌우 두 장을 재단해야 한다. 같은 면에서 두 장을 그릴 경우 한 장을 그린 후패턴을 뒤집어 한 장 더 그린다. 원단을 겹쳐 놓고 두 장을 한꺼번에 재단할 경우 원단의 겉면끼리 마주보게 접은 후 재단해야 양쪽이 대칭인 소매 패턴 두 장이 완성된다.

Chapter 6

강아지 옷 만들기 실전

- 삼각 스카프 SCALFS
- 기본 나시티 BASIC SLEEVELESS
- 라글란 티셔츠 RAGLAN SLEEVE TEE
- 올인원 ALL-IN-ONE
- 우븐칼라소매티셔츠 SET-IN SLEEVE TEE
- 폼폼방울 후드티셔츠 HOODIE
- 리버시블 누빔조끼 REVERSIBLE VEST
- 이지핏 체크코트 EASYFIT CHECK COAT
- 우븐원피스 WOVEN DRESS
- 스쿨룩 SCHOOL LOOK

QR을 찍으면 만들기 강의
영상을 바로 보실 수 있어요!

삼각 스카프 SCALFS

🐾 패턴

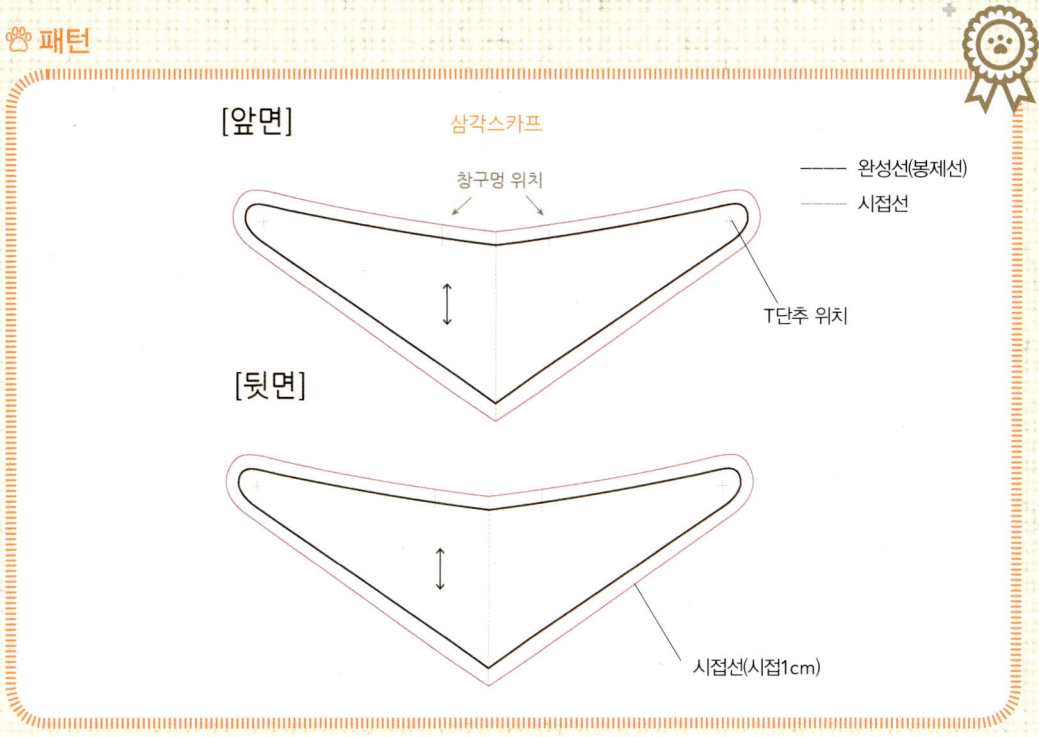

[앞면]

삼각스카프

창구멍 위치

―― 완성선(봉제선)
―― 시접선

T단추 위치

[뒷면]

시접선(시접1cm)

🐾 재단물

앞

뒤

T단추

폼폼단추

① 앞장과 뒷장의 겉면끼리 마주보도록 포개어 핀으로 고정한다.

② 봉제 후 뒤집을 수 있도록 중간 부분에 10cm 정도의 창구멍을 남겨두고 봉제한다.

③ 둥근 부분에 1~2cm 간격으로 가위집을 주고 시접을 반절 정도 잘라낸다.

④ 삼각 꼭지 부분도 시접을 짧게 자른다.

⑤ 창구멍을 통해 겉면쪽으로 뒤집은 뒤 봉제선 부분이 끝까지 바깥쪽으로 나오도록 밀어내서 다리미로 모양을 잡아준다.

⑥ 창구멍을 공그르기(손바느질)로 막아준다.

☑ CHECK POINT

- 봉제의 시작과 끝부분에 반드시 되돌아박기해야만 창구멍으로 원단을 뒤집을때 봉제가 뜯어지는 것을 방지할 수 있다.
- 모서리 부분에 가위집을 주고 시접을 짧게 잘라내면 뒤집었을때 봉제선의 모양을 더욱 예쁘게 만들수있다.

🐾 T단추 달기

⑦ T단추를 달 위치에 송곳으로 구멍을 뚫어준다.

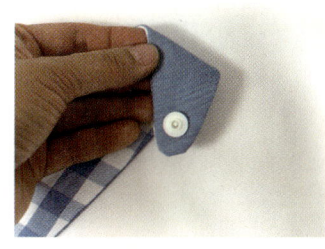

⑧ 한쪽엔 송곳 모양의 기본 단추를 반대쪽엔 숫단추를 끼운다.

⑨ 기구에 T단추 사이즈에 맞는 몰드를 끼운 후 눌러 T단추를 고정한다.

⑩ 반대편에는 기본단추와 암단추를 끼워준다. 반드시 고정하기 전에 암, 수버튼이 만나는 위치가 맞는지 확인한 후 기구로 고정한다.

🐾 폼폼 달기

⑪ 손바느질로 삼각 꼭지 부분에 폼폼을 달아준다.

⑫ 완성.

☑ CHECK POINT

T단추 특성으로 앞, 뒷면을 모두 사용할 수 있다(리버시블). 스카프에 손자수로 반려동물의 이름을 새기거나 자수패치등을 붙여 나만의 디자인으로 꾸며보자.

기본 나시티 BASIC SLEEVELESS

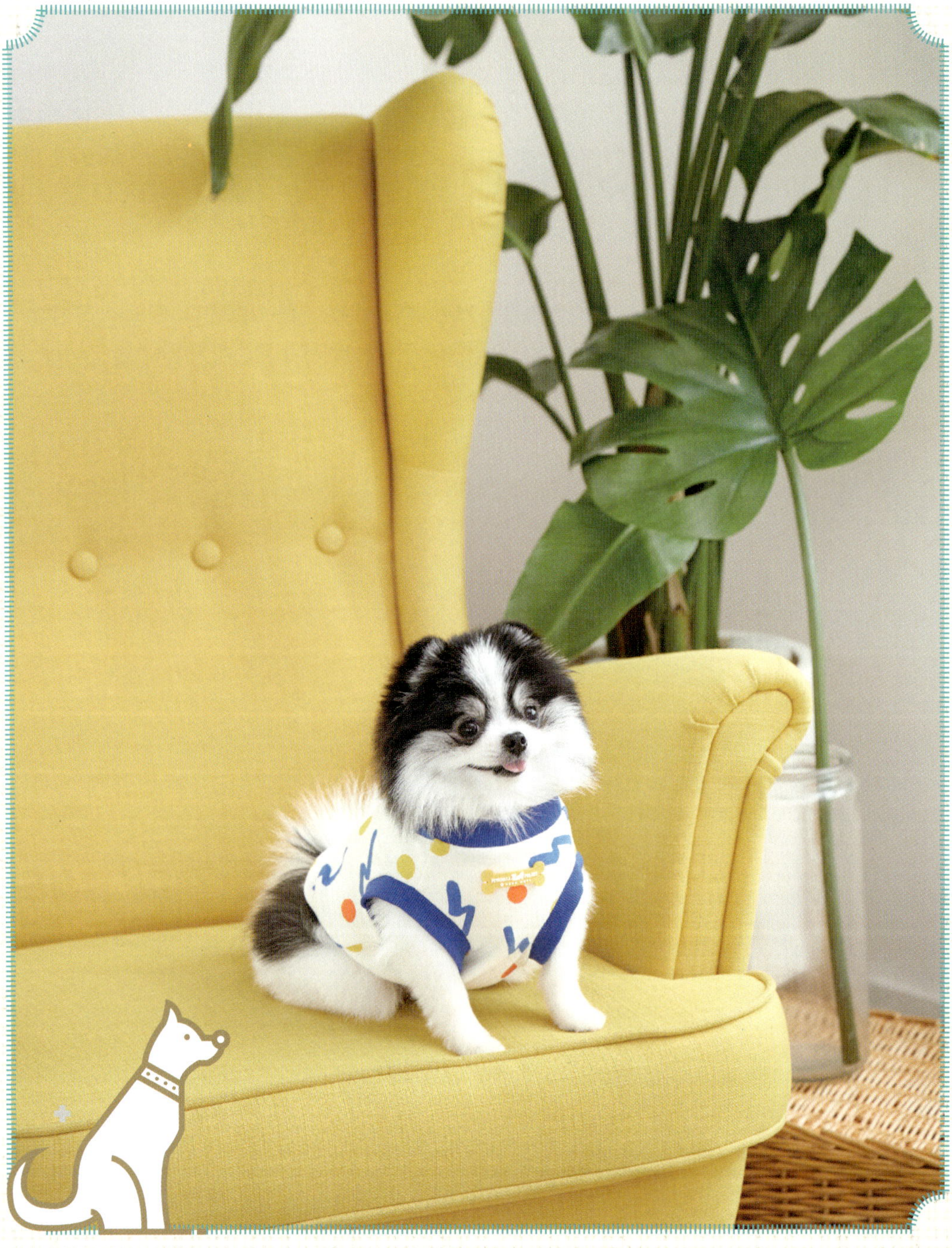

🐾 패턴

[몸판]

BASIC 나시티셔츠 배판

BASIC 나시티셔츠 등판

──────── 시접선

──────── 완성선

─·─·─·─ 랍빠선

[리쁘]

BASIC 나시티셔츠 밑단 리쁘

BASIC 나시티셔츠 네크 리쁘

BASIC 나시티셔츠 소매 암홀 리쁘

🐾 재단물

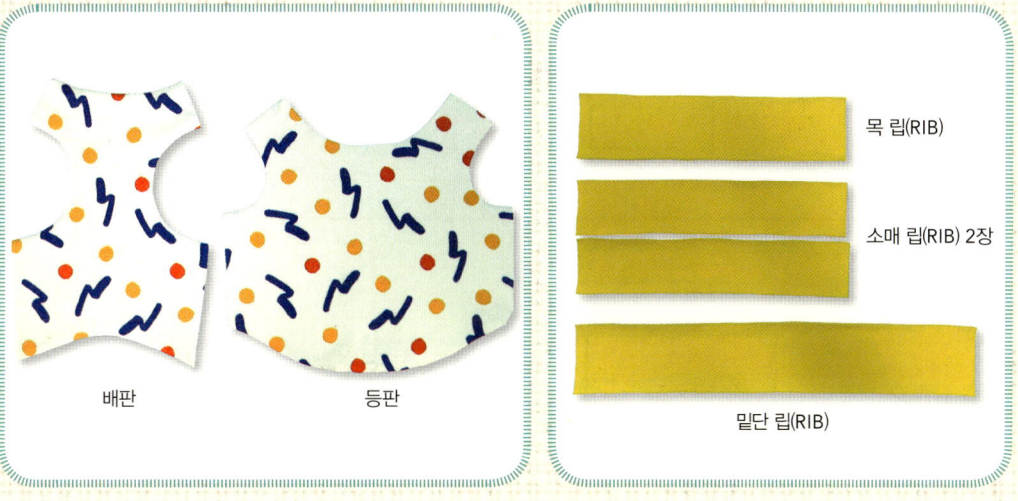

배판

등판

목 립(RIB)

소매 립(RIB) 2장

밑단 립(RIB)

🐾 몸판 만들기

 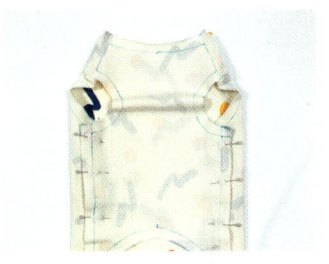 

① 등판과 배판의 겉면이 마주 보도록 어깨선끼리 포개어 핀으로 고정한 후 봉제한다.

② 몸판의 옆선끼리 포개어 핀으로 고정한 후 봉제한다.

③ 어깨선과 옆선의 시접을 정리한다(오버록 또는 지그재그 봉제).

🐾 립(RIB)준비하기

  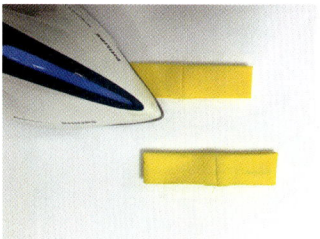

④ 목, 소매, 밑단 립 모두 겉면이 안쪽으로 들어가도록 반으로 접어 옆선을 봉제한다.

⑤ 시접을 가름솔로 벌려준 뒤 겉면이 바깥으로 나오도록 반으로 접는다.

⑥ 다리미로 립의 모양을 잡아준다.

⑦ 모든 립을 동일한 방법으로 준비한다.

🐾 목립(RIB) 달기

⑧ 목 립을 목둘레 안쪽으로 넣어 시접끼리 겹쳐지도록 포갠다.

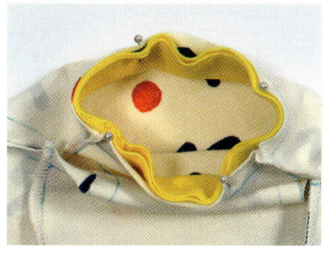

⑨ 목립옆선과 어깨선을 연결한 지점을 기준으로 4등분점을 표시해 핀으로 고정한 후 봉제한다.

☑ CHECK POINT

• 립을 몸판과 봉제할때 립의 옆선과 몸판의 옆선이 만나도록 봉제하면 겉에서 볼 때 훨씬 깔끔하고 보기에 좋다.

• 옆선을 기준으로 4등분지점을 표시해두면 몸판과 연결할 때 보다 수월하게 작업할 수 있다.

🐾 소매와 밑단립(RIB) 달기

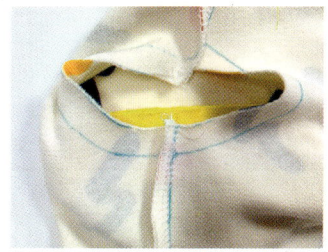

⑩ 목립과 동일한 방법으로 소매옆선과 몸판옆선을 맞춰 핀으로 고정하고 4등분점을 맞춰 핀으로 고정한다.

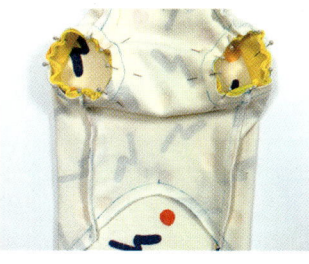

⑪ 4등분점 사이에 촘촘히 핀으로 고정한 후 양쪽 소매 모두 봉제한다.

⑫ 몸판밑단과 밑단 립에도 4등분점을 표시한다.

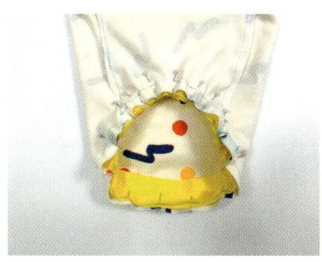

⑬ 표시점을 맞춰 촘촘히 핀으로 고정한 후 봉제한다.

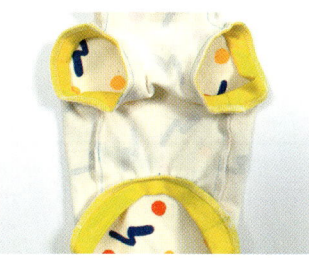

⑭ 립을 달아준 목, 소매, 밑단 부분 모두 시접을 정리한다 (오버록 또는 지그재그 봉제).

⑮ 겉면쪽으로 뒤집은 다음 다림질로 전체 모양을 정리해주면 완성.

라글란 티셔츠 RAGLAN SLEEVE TEE

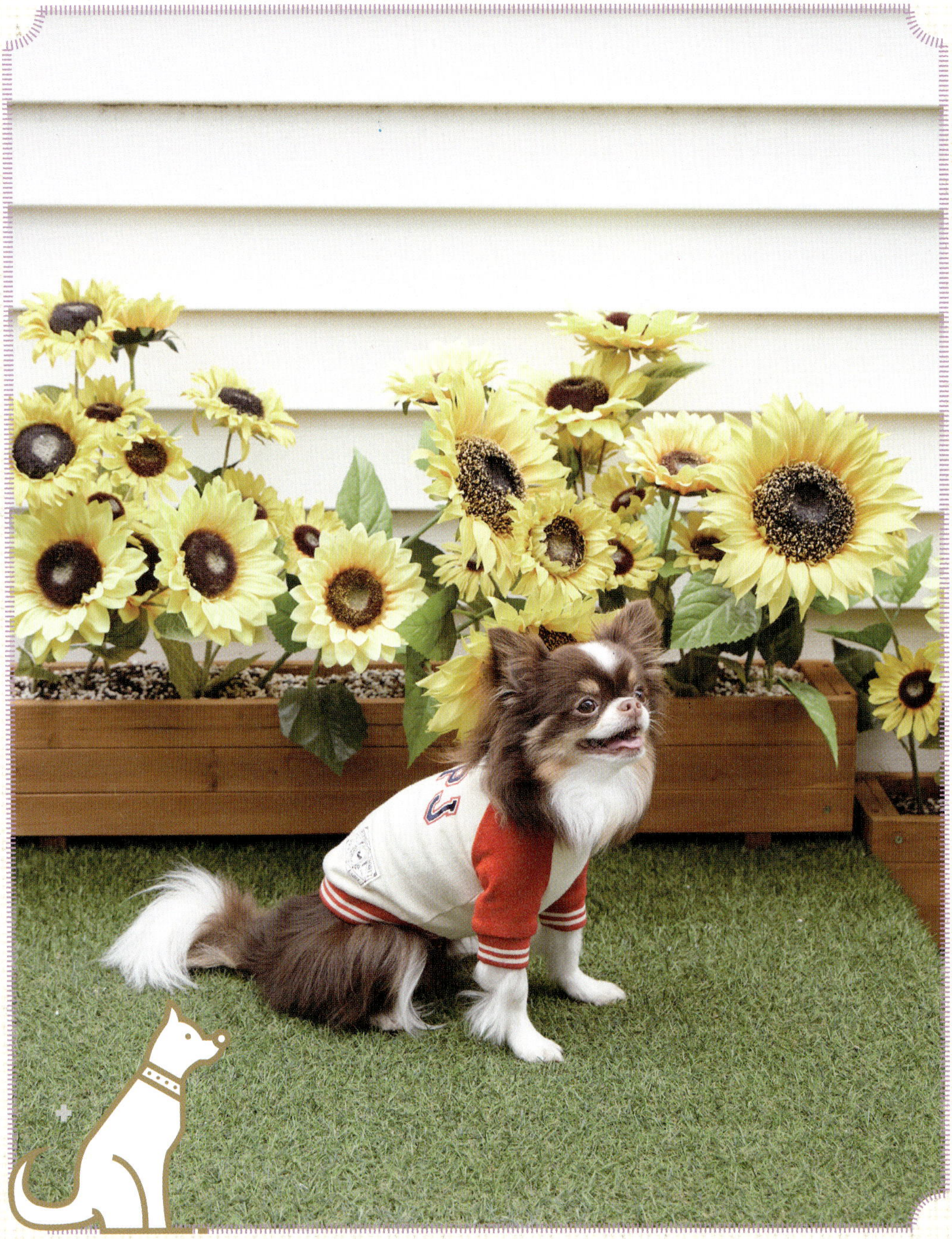

🐾 패턴

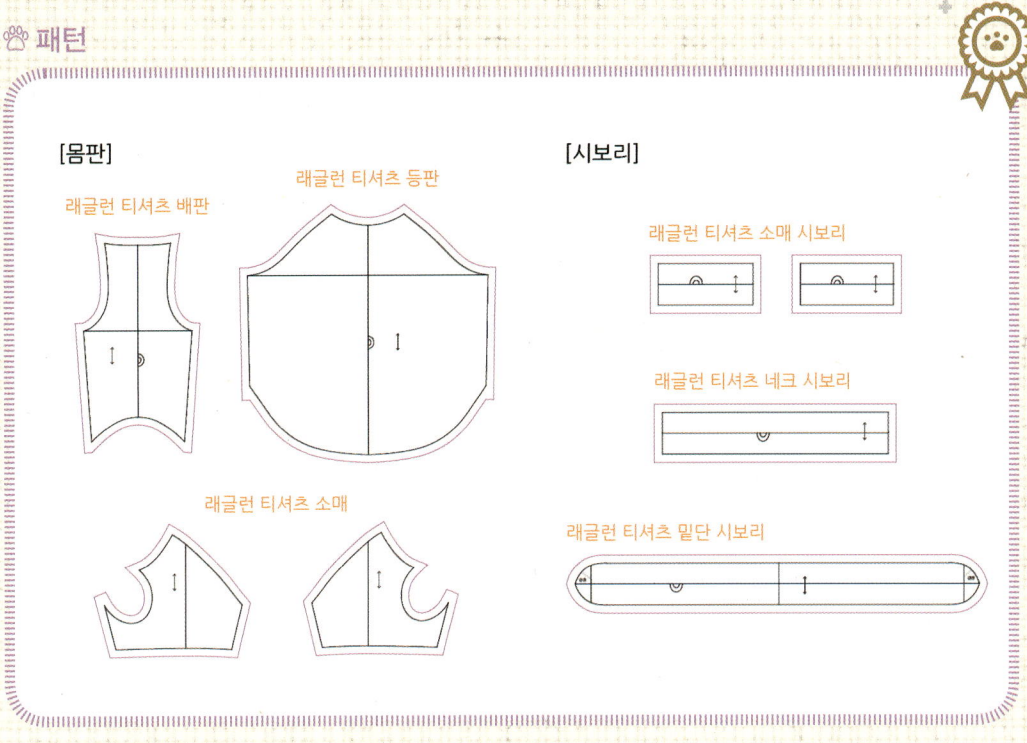

[몸판]

래글런 티셔츠 배판

래글런 티셔츠 등판

래글런 티셔츠 소매

[시보리]

래글런 티셔츠 소매 시보리

래글런 티셔츠 네크 시보리

래글런 티셔츠 밑단 시보리

🐾 재단물

소매 시보리2장

등판

배판

소매

넥 시보리

밑단 시보리

① 원단 겉면이 안쪽으로 들어
가도록 소매를 접어 옆선을
핀으로 고정한 후 봉제한다.

② 양쪽 소매옆선을 모두 봉제
한 후 시접을 정리한다(오버
록 또는 지그재그 봉제).

③ 시보리의 겉면이 안쪽으로
들어가도록 반으로 접어 옆
선을 핀으로 고정한 후 봉제
한다.

④ 시접을 가름솔로 벌린 후 겉
면이 바깥으로 나오도록 반
을 접어 다림질로 모양을 잡
아준다.

⑤ 소매립을 소매단 속으로 넣
어 시접끼리 모아준 후 소매
옆선과 소매립 옆선이 연결
되도록 선을 맞추어 핀으로
고정한다.

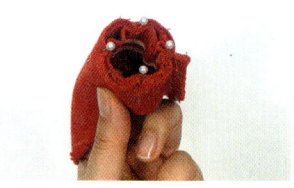

⑥ 봉제선 핀을 기준으로 4등
분 지점을 핀으로 고정한 후
립과 소매를 함께 봉제한다.

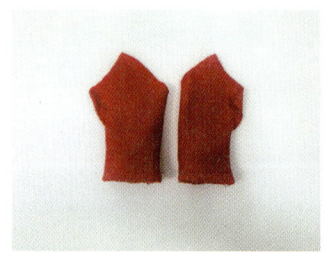

⑦ 양쪽 소매단 모두 봉제한 후
시접을 정리한다.(오버록 또
는 지그재그 봉제)

⑧ 소매 완성.

🐾 몸판 만들기

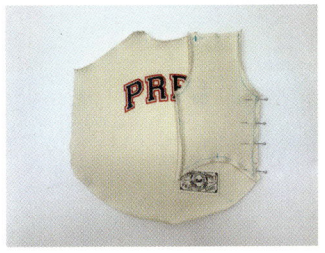

⑨ 등판과 배판 겉면끼리 마주 보도록 포개 옆선을 맞춰 핀으로 고정한 후 봉제한다.

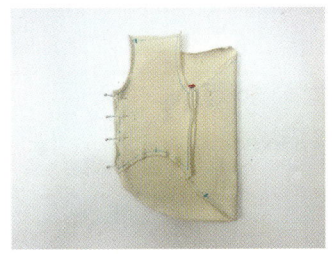

⑩ 반대쪽 옆선도 동일한 방법으로 봉제한다.

🐾 라글란 소매 달기

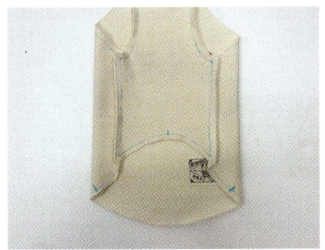

⑪ 봉제한 몸판 옆선 시접을 정리한다(오버록 또는 지그재그 봉제).

⑫ 소매를 달때는 몸판과 소매 모두 겉면 쪽으로 뒤집어 모양을 맞춰 본 후 달아야 좌우 소매를 뒤집어 다는 실수를 줄일 수 있다.

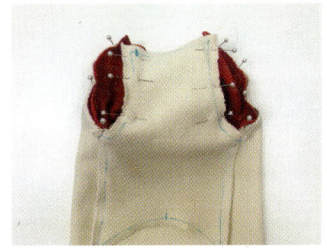

⑬ 소매옆선과 몸판옆선을 맞춰 핀으로 먼저 고정하고 소매둘레 전체를 촘촘히 핀으로 고정하여 봉제한다.

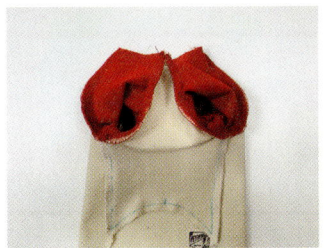

⑭ 봉제한 시접을 정리한다(오버록 또는 지그재그 봉제).

⑮ 목시보리를 소매시보리와 동일하게 안쪽에서 옆선을 봉제한다.

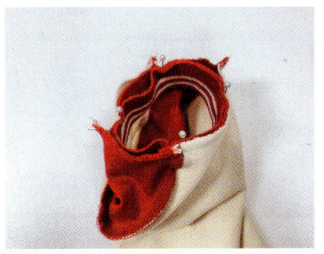

⑯ 몸판 앞목쪽 봉제선(좌우 관계없음)과 목시보리 봉제선을 연결하여 핀으로 고정한 후 이 지점을 기준으로 4등분 점을 핀으로 고정하여 봉제한다.

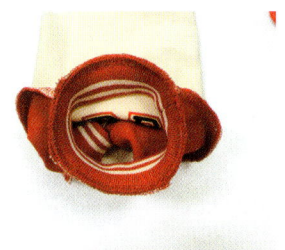

⑰ 목둘레 시접을 정리한다(오버록 또는 지그재그 봉제).

☑ CHECK POINT

연결선이 등판쪽 목으로 가면 착장시 잘 보여 예쁘지 않다. 앞목쪽으로 봉제선을 연결하자.

🐾 밑단시보리 달기

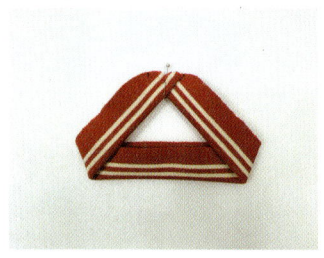

⑱ 밑단시보리에 표시해둔 겹침분 너치를 맞춰 밑단 시보리 좌우 끝부분을 겹쳐준다.

⑲ 겹친 시보리의 중앙과 배판 중앙점을 맞춰 핀으로 고정한다.

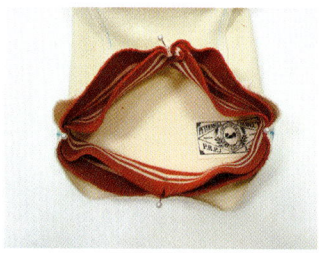

⑳ 앞뒷중심을 기준으로 밑단의 4등분점을 핀으로 고정한다.

㉑ 밑단 시보리를 골고루 늘려가며 전체적으로 핀작업 후 봉제한다.

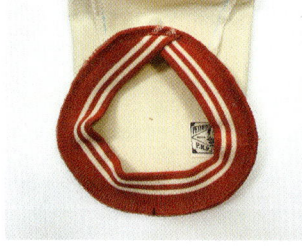

㉒ 봉제한 시접을 정리한다(오버록 또는 지그재그 봉제).

㉓ 겉면쪽으로 뒤집어 다림질로 모양을 정리한다.

㉔ 라글란 티셔츠 완성.

making clothes 4

QR을 찍으면 만들기 강의
영상을 바로 보실 수 있어요!

올인원 ALL-IN-ONE

🐾 패턴

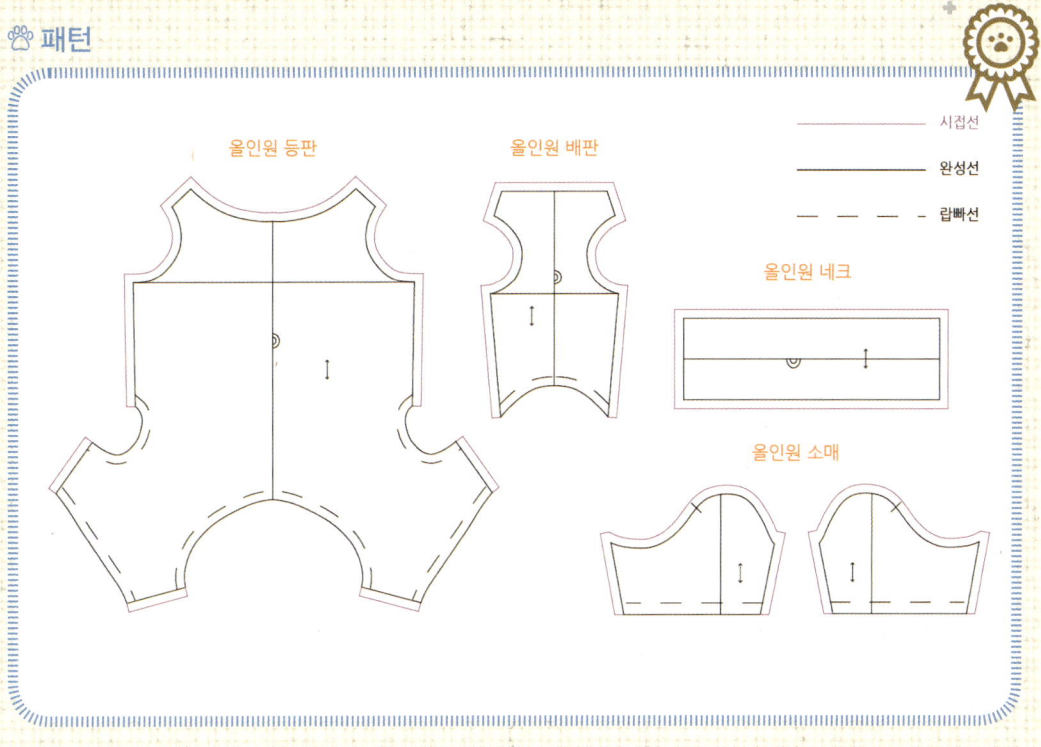

올인원 등판

올인원 배판

올인원 네크

올인원 소매

	시접선
	완성선
	랍빠선

🐾 재단물

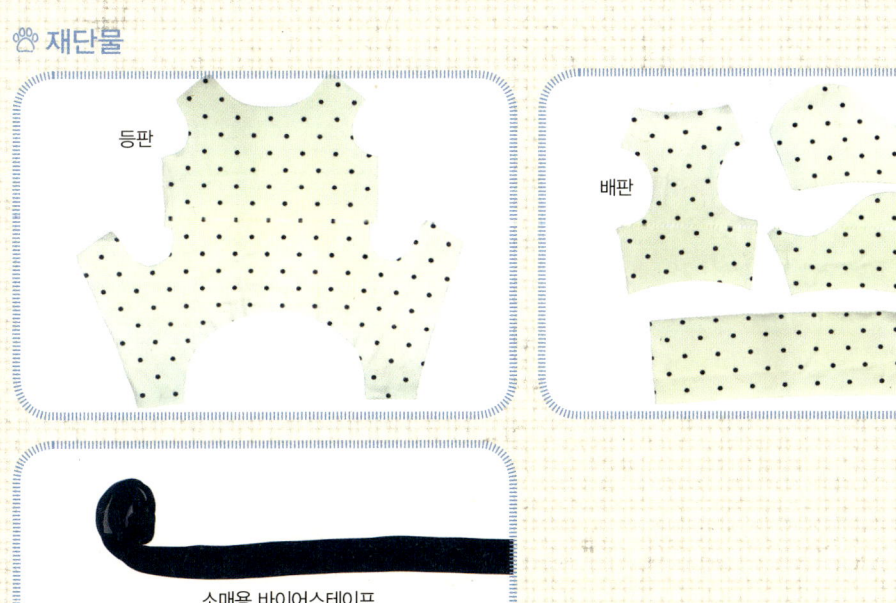

등판

배판

소매

넥

소매용 바이어스테이프

밑단용 바이어스테이프

① 18mm 바이어스 메이커를
사용해 소매단, 바지단, 밑단
용 바이어스테이프를 만든다.

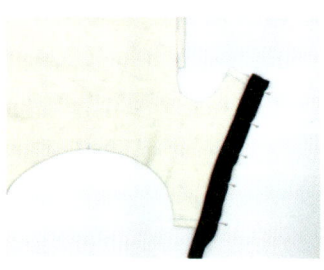

② 바지단에 바이어스테이프를
살짝 늘려가며 핀으로 고정
한다.

③ 7~8mm 위치로 봉제한다.

④ 바지 끝단을 바이어스 테이
프로 감싸 겉면쪽 1~2mm
위치로 봉제한다.

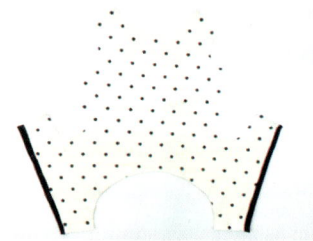

⑤ 남는 바이어스 테이프를 잘
라낸다.

🐾 바지 만들기

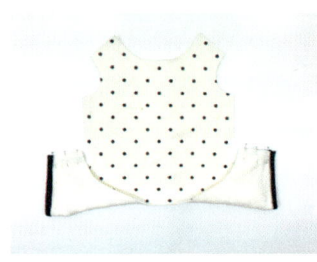

⑥ 겉면이 안쪽으로 들어가도
록 바지단을 접어 옆선을
봉제한다.

⑦ 바지옆선 시접을 정리한다
(오버록 또는 지그재그 봉제).

🐾 몸통 만들기

⑧ 등판과 배판의 겉면이 마주 보도록 포개 어깨선을 연결한다.

⑨ 양쪽어깨선을 봉제한 후 시접을 정리한다(오버록 또는 지그재그 봉제).

⑩ 한쪽 몸판 옆선을 봉제한다.

⑪ 봉제한 옆선 시접을 정리한다(오버록 또는 지그재그 봉제).

🐾 배둘레 바이어스테이프 달기

⑫ 배판 밑단둘레 전체에 바이어스테이프를 늘여가며 핀으로 고정한다.

⑬ 안쪽에서 7~8mm 위치로 바이어스와 몸판을 함께 봉제한다.

⑭ 끝단을 바이어스테이프로 감싸 겉면쪽에서 봉제한다.

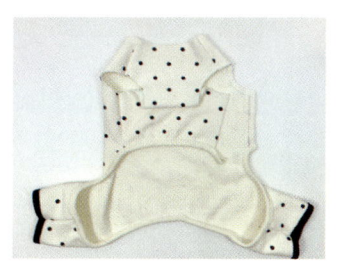

⑮ 배둘레 바이어스테이프 달기 완성.

⑯ 남은 한쪽 몸판 옆선을 봉제한다.

⑰ 옆선시접을 정리한다(오버록 또는 지그재그 봉제).

소매 만들기

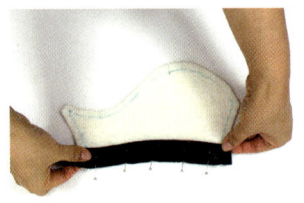

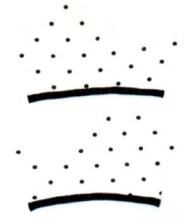

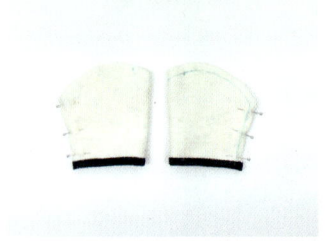

⑱ 소매단 안쪽에 바이어스 테이프를 7~8mm로 봉제한다.

⑲ 소매단에 바이어스테이프를 감싸 겉쪽에서 봉제한다.

⑳ 소매 겉면이 안쪽으로 들어가도록 접어 옆선을 봉제한다.

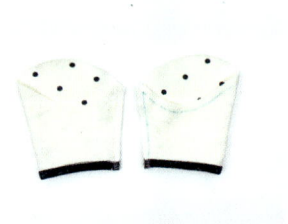

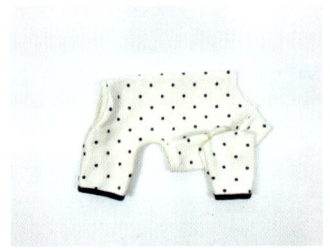

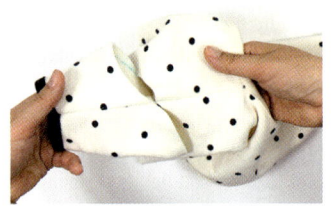

㉑ 소매옆선 시접을 정리한다.(오버록 또는 지그재그 봉제)

㉒ 몸판과 소매 모두 겉면으로 뒤집어 소매의 좌우를 확인한다.

㉓ 소매옆선과 몸판옆선을 맞춘 후 다시 안쪽으로 뒤집어 준다.

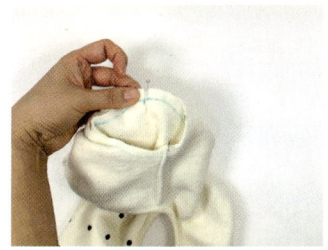
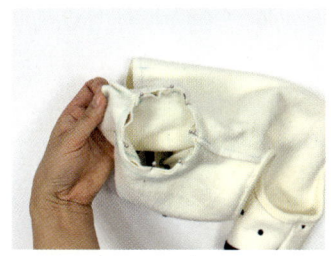
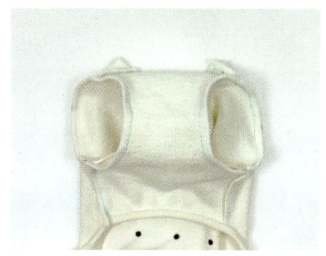

㉔ 옆선을 연결한 지점을 핀으로 고정하고 소매 너치 표시와 어깨선을 맞춰 핀으로 고정한다.

㉕ 두지점을 기준으로 4등분 지점에도 핀으로 고정하고 소매둘레 전체를 핀으로 고정한 후 봉제한다.

㉖ 양쪽소매모두 동일한 방법으로 봉제한 후 시접을 정리한다(오버록 또는 지그재그 봉제).

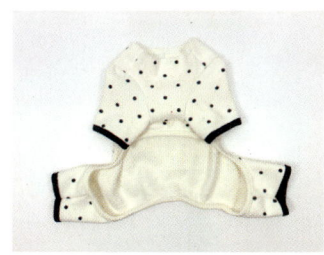

㉗ 몸판 완성.

🐾 목칼라 달기

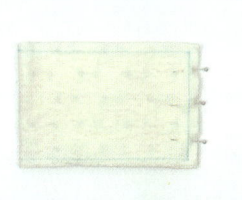
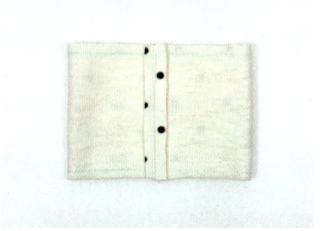
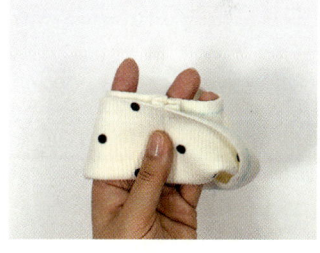

㉘ 목 칼라감을 겉면끼리 마주보도록 반으로 접어 옆선을 봉제한다.

㉙ 시접을 가름솔로 벌려 다림질한다.

㉚ 겉면이 바깥으로 나오도록 반으로 접는다.

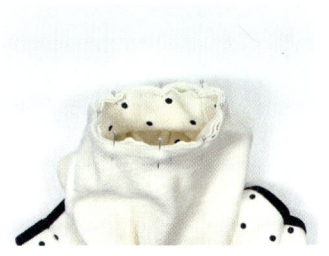

㉛ 목둘레 안쪽으로 목칼라를 넣고 목칼라의 옆선과 어깨선 한쪽이 만나도록 겹쳐 핀으로 고정한다.

㉜ 이점을 기준으로 4등분 지점을 핀으로 고정한다.

㉝ 사이사이 더 촘촘히 핀작업한 후 목둘레를 봉제한다.

㉞ 목둘레 시접을 정리한다(오버록 또는 지그재그 봉제).

㉟ 겉면쪽으로 뒤집어 다림질로 모양을 정리해준다.

㊱ 완성.

QR을 찍으면 만들기 강의
영상을 바로 보실 수 있어요!

우븐칼라소매티셔츠 set-in sleeve tee

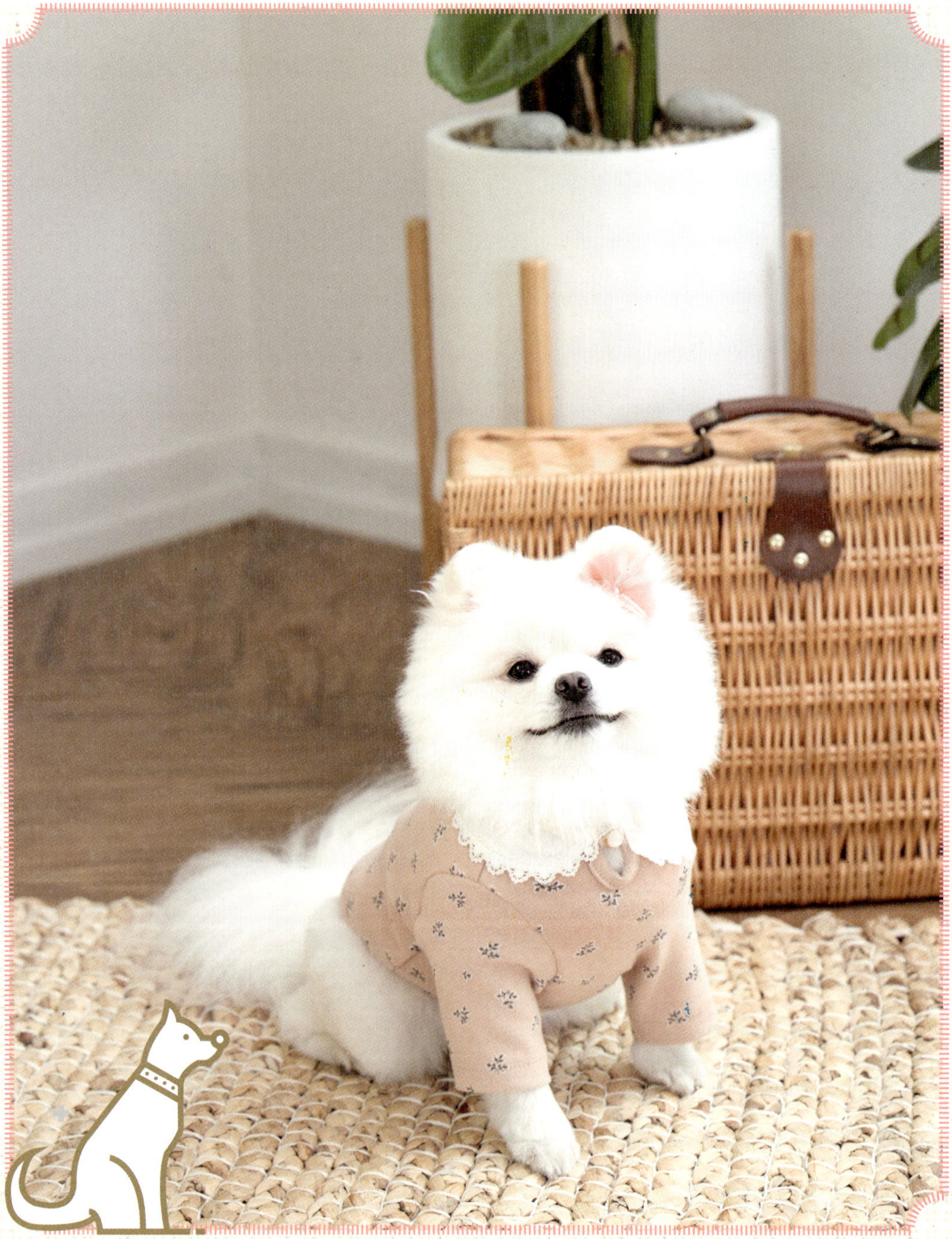

[칼라]

우븐칼라티셔츠 칼라

시접선
완성선
랍빠선

[몸판]

우븐칼라티셔츠 배판

우븐칼라티셔츠 등판

우븐칼라티셔츠 소매

*밑단 시접 2CM

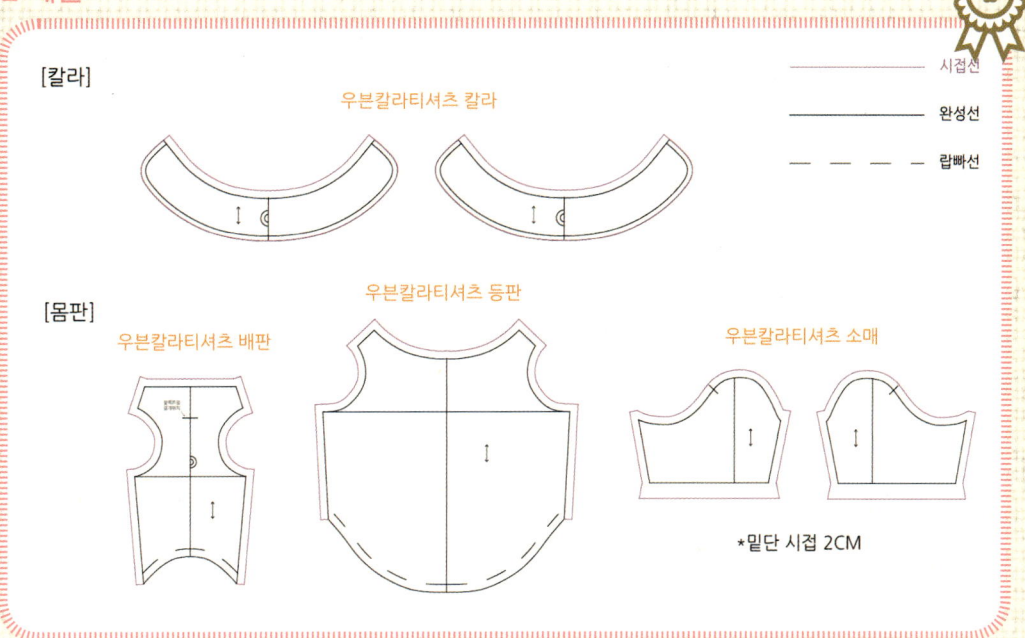

재단물

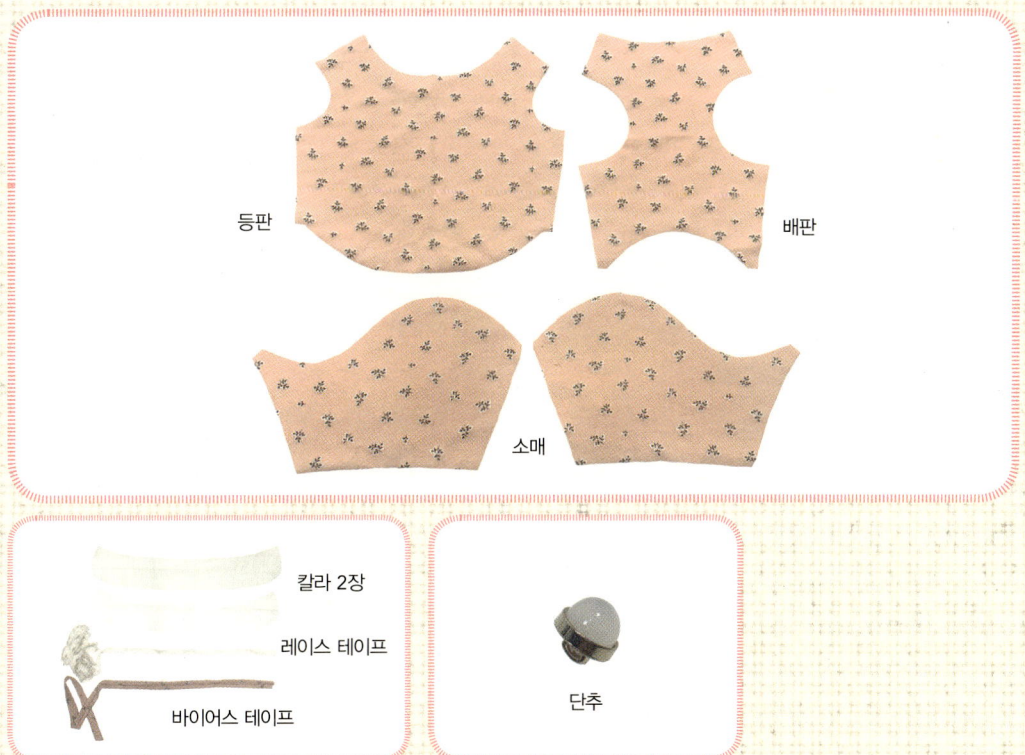

등판

배판

소매

칼라 2장

레이스 테이프

바이어스 테이프

단추

🐾 소매 만들기

① 소매 밑단을 오버록 봉제
한다.

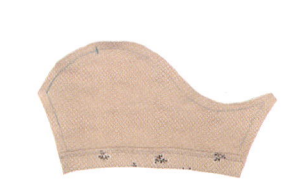

② 밑단 시접을 접어 다림질한
후 2cm선에 봉제한다(접어
박기).

③ 겉면이 안쪽으로 들어가도
록 접어 옆선을 봉제한다.

④ 봉제한 시접을 정리한다(오
버록 또는 지그재그 봉제).

⑤ 반대편 소매도 동일하게 봉
제하면 소매 완성.

❀ 몸통 만들기

⑥ 배판과 등판의 겉면끼리 마주보도록 어깨선 한쪽을 핀으로 고정한 후 봉제한다.

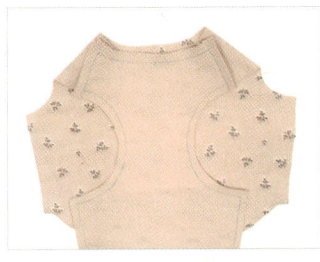

⑦ 반대쪽 어깨선을 봉제한다.

⑧ 봉제한 어깨선 시접을 정리한다(오버록 또는 지그재그 봉제).

⑨ 몸판 옆선 한쪽을 봉제한다.

⑩ 봉제한 한쪽 옆선 시접을 정리한다(오버록 또는 지그재그 봉제).

🐾 밑단 바이어스 테이프 달기

⑪ 밑단 안쪽에 미리 준비해둔 18mm 바이어스테이프 한 쪽을 펼쳐 시접 7~8mm 지점을 봉제한다.

⑫ 바이어스테이프를 조금씩 당겨가면서 봉제해야 완성 후 밑단이 오므라들면서 예쁘게 완성된다.

⑬ 밑단 겉면쪽으로 바이어스 테이프를 접어 넘겨 핀으로 고정한다.

☑ **CHECK POINT**

> 안쪽 봉제선이 바이어스 테잎에 덮여 가려지도록 주의하며 봉제한다.

⑭ 바이어스테이프 끝 1~2mm 위치로 상침하여 고정한다.

⑮ 밑단 바이어스 테이프 달기 완성.

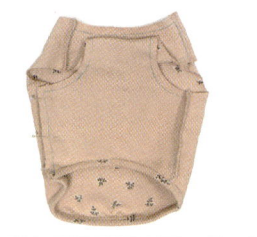 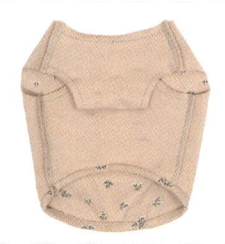

⑯ 남겨둔 한쪽 몸판 옆선을 봉제한다.

⑰ 시접을 정리한다(오버록 또는 지그재그 봉제).

🐾 소매 달기

⑱ 몸판과 소매를 겉면쪽을 뒤 집어 소매 좌우를 맞춰 확인 한다.

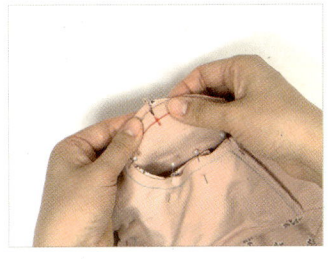

⑲ 소매봉제선+몸판옆선 연결 점을 핀으로 고정하고 어깨 봉제선과 소매 너치 위치를 맞춰 핀으로 고정한다.

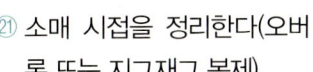

㉑ 소매 시접을 정리한다(오버 록 또는 지그재그 봉제).

⑳ 두 지점을 기준으로 사등분 지점과 사이사이 핀을 고정 한 후 봉제한다.

🐾 앞목 중심 트임 만들기

㉒ 앞목 트임부분을 가위로 잘 라준다.

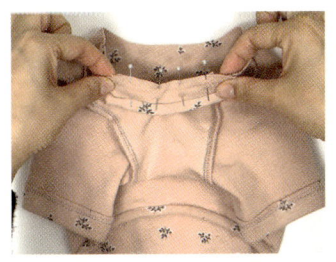

㉓ 미리준비해둔 12mm 바 이어스테이프를 트임안쪽 7~8mm폭으로 봉제한다.

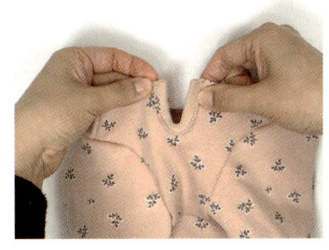

㉔ 밑단과 동일한 방법으로 겉 면쪽으로 바이어스테이프를 넘겨 봉제한 후 남는 바이어 스 테이프는 잘라낸다.

🐾 우븐 칼라 만들기

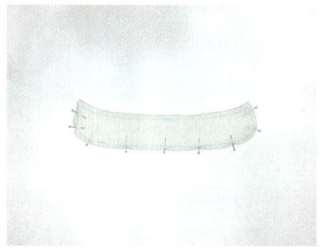

㉕ 칼라 두장의 겉면끼리 마주보
도록 겹친 후 둥근 모양의 아
래부분을 핀으로 고정한다.

㉖ 핀으로 고정한 부분을 봉제
한다.

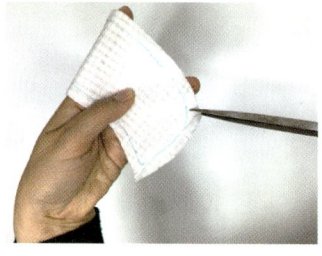

㉗ 둥근 부분의 시접에 가위집
을 준다.

㉘ 둥근 부분의 시접을 반 정도
잘라낸다.

㉙ 겉면 쪽으로 뒤집은 뒤 다림
질로 모양을 잡아준다.

☑ CHECK POINT

모서리 부분에 가위집을 주
고 시접을 짧게 잘라내면 뒤
집었을 때 봉제선의 모양을
더욱 예쁘게 만들 수 있다.

㉚ 칼라 끝단에 레이스테이프
를 눌러 박아준다.

㉛ 우븐 칼라 완성.

🐾 우븐 칼라 달기

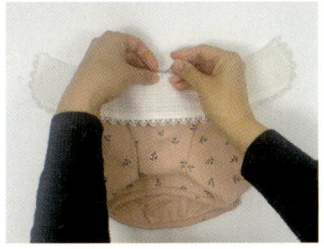

㉜ 칼라중심과 뒷목중심점을 맞춰 핀으로 고정한다.

㉝ 목둘레 안쪽으로 칼라를 핀으로 고정한 후 봉제한다.

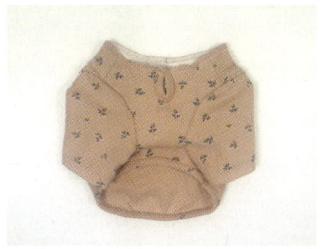

㉞ 목둘레 시접을 정리한다.(오버록 또는 지그재그 봉제)

☑ **CHECK POINT**

칼라의 겉면과 몸판의 안쪽 면이 마주보도록 봉제한다.

🐾 버튼&버튼 고리 달기

㉟ 12mm 바이어스테이프로 단추 고리를 만들어 앞목 트임 오른쪽에 눌러 박아 고정한다.

㊱ 반대쪽에 버튼을 달아준다.

㊲ 버튼&버튼 고리 완성.

㊳ 칼라를 접고 다림질로 모양을 잡아주면 완성.

QR을 찍으면 만들기 강의
영상을 바로 보실 수 있어요!

폼폼방울 후드티셔츠 HOODIE

🐾 패턴

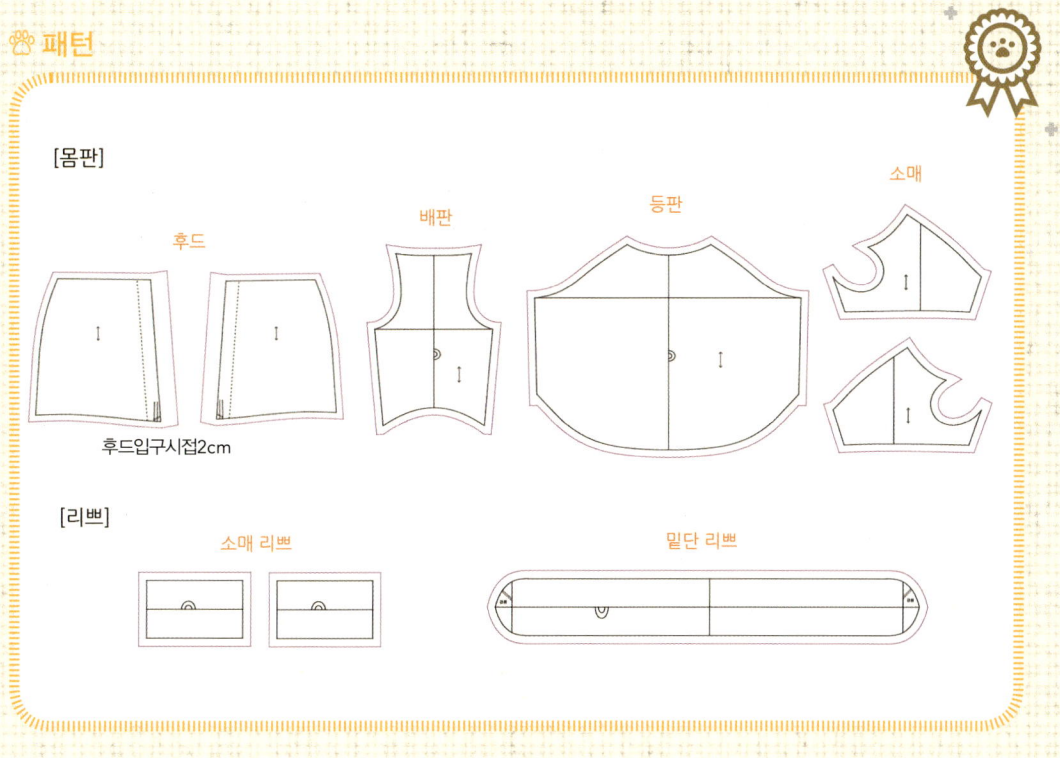

[몸판]

후드   배판   등판   소매

후드입구시접2cm

[리쁘]

소매 리쁘   밑단 리쁘

🐾 재단물

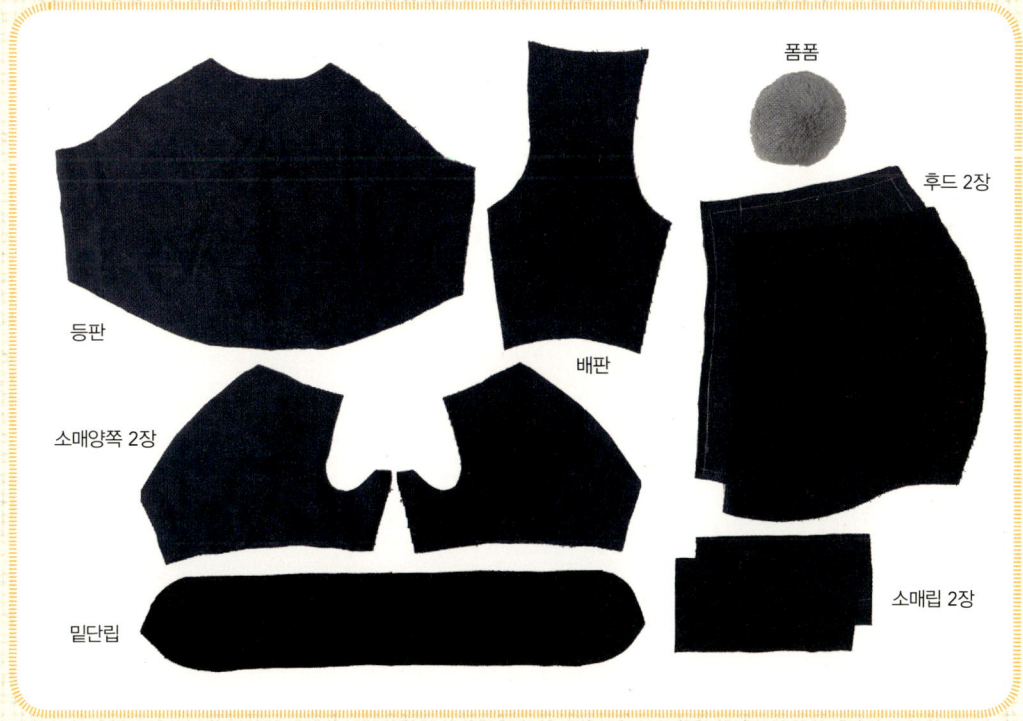

폼폼

후드 2장

등판

배판

소매양쪽 2장

소매립 2장

밑단립

① 소매 겉면이 안쪽으로 들어
가도록 소매를 접어 옆선을
핀으로 고정한 후 봉제한다.

② 양쪽 소매옆선을 모두 봉제
한 후 시접을 정리한다(오버
록 또는 지그재그 봉제).

③ 소매립의 겉면이 안쪽으로
들어가도록 반으로 접어 옆
선을 핀으로 고정한 후 봉제
한다.

④ 시접을 가름솔로 벌린 후 겉
면이 바깥으로 나오도록 반
을 접어 다림질로 모양을 잡
아준다.

⑤ 소매립을 소매단 속으로 넣
어 시접끼리 모아준 후 소매
옆선과 소매립 옆선이 연결
되도록 선을 맞추어 핀으로
고정한다.

⑥ 봉제선 핀을 기준으로 4등
분 지점을 핀으로 고정한 후
립과 소매를 함께 봉제한다.

⑦ 양쪽 소매단 모두 봉제한 후 시접을 정리한다(오버록 또는 지
그재그 봉제).

🐾 몸판만들기

⑧ 등판과 배판 겉면끼리 마주
보도록 포개어 옆선을 맞춰
핀으로 고정한 후 봉제한다.

⑨ 봉제한 몸판 옆선 시접을 정
리한다(오버록 또는 지그재
그 봉제).

🐾 밑단시보리 달기

⑩ 밑단시보리에 표시해둔 겹
친분 너치를 맞춰 밑단 시보
리 좌우 끝부분을 겹쳐준다.

⑪ 앞뒷중심을 기준으로 밑단
의 4등분점을 핀으로 고정
한다.

⑫ 밑단 시보리를 골고루 늘려
가며 전체적으로 핀작업 후
봉제한다.

⑬ 봉제한 시접을 정리한다(오버록 또는 지그재그 봉제).

🐾 라글란 소매달기

⑭ 후드 두장을 겉면이 마주보도록 겹쳐 중심선을 핀으로 고정한 후 봉제한다.

⑮ 봉제한 중심선 시접을 정리한다(오버록 또는 지그재그 봉제).

⑯ 후드입구 끝단 시접을 정리한다(오버록 또는 지그재그 봉제).

⑰ 시접을 안쪽으로 접어 핀으로 고정한 후 2cm 선으로 접어박기한다.

⑱ 후드 완성.

🐾 후드 만들기

⑲ 소매와 몸판 모두 겉면으로 뒤집어 소매의 좌우 위치를 확인한다.

⑳ 소매봉제선과 몸판 겨드랑이점을 맞춰 핀으로 고정하고 소매둘레 전체를 촘촘히 핀으로 고정하여 봉제한다.

㉑ 봉제한 시접을 정리한다(오버록 또는 지그재그 봉제).

㉒ 후드의 겹침분 중심과 앞목
중심점을 맞춰 핀으로 고정
한다.

㉓ 후드중심과 뒷목중심점을
맞추고 4등분점에 핀으로
고정한다.

㉔ 목둘레 전체를 핀으로 고정
한 후 봉제한다.

㉕ 봉제한 시접을 정리한다(오
버록 또는 지그재그 봉제).

㉖ 후드 꼭지부분에 폼폼을 손
바느질로 달아준다.

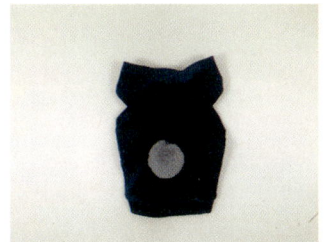

㉗ 후드티셔츠 완성(뒷면).

㉘ 후드티셔츠 완성(앞면).

리버시블 누빔조끼 REVERSIBLE VEST

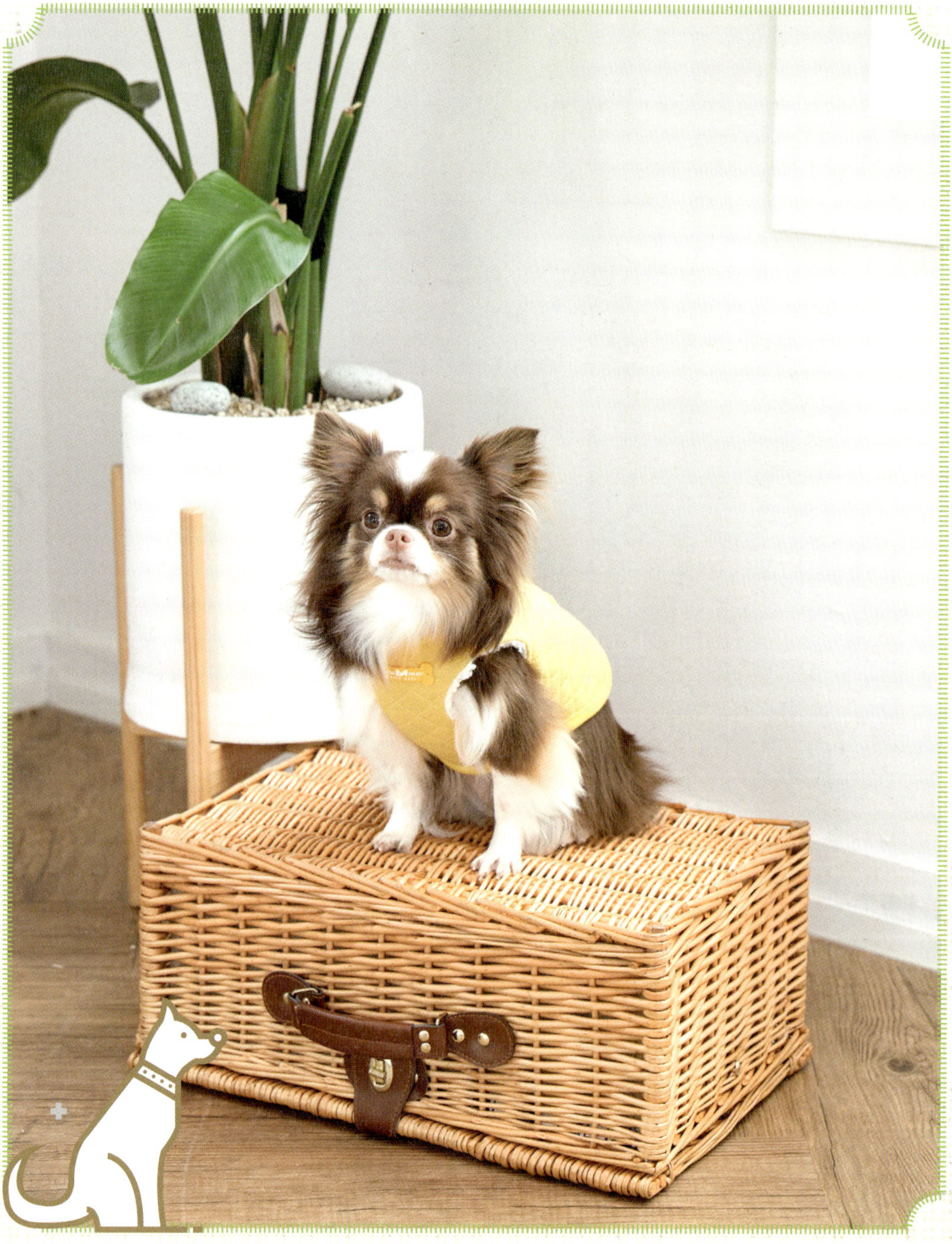

🐾 패턴

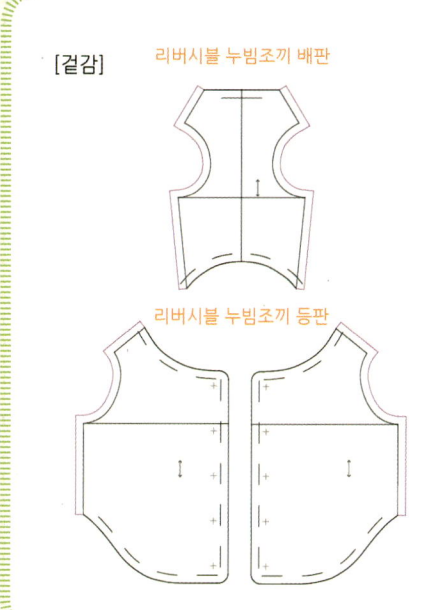

[겉감] 리버시블 누빔조끼 배판

리버시블 누빔조끼 등판

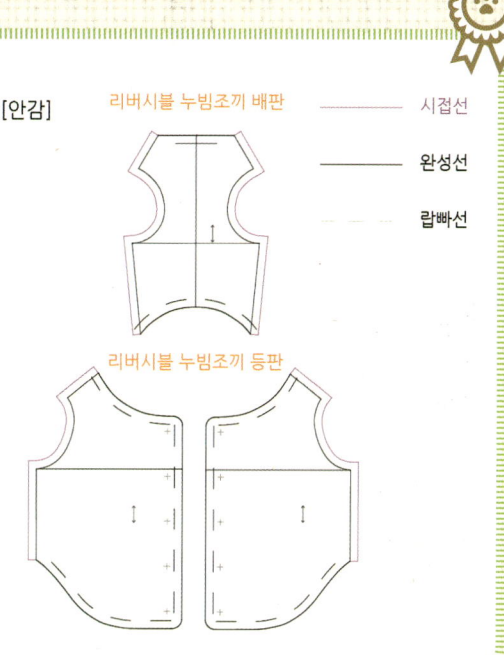

[안감] 리버시블 누빔조끼 배판

리버시블 누빔조끼 등판

───── 시접선
───── 완성선
╌╌╌╌╌ 랍빠선

🐾 재단물

겉감

등판 좌우2장   배판

안감

등판 좌우2장   배판

🐾 부자재

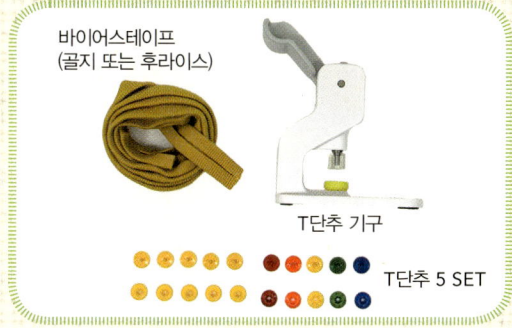

바이어스테이프
(골지 또는 후라이스)

T단추 기구

T단추 5 SET

🐾 겉감 만들기

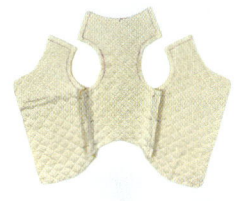

① 겉감 등판과 배판의 겉면끼리 마주보도록 옆선을 포개 핀으로 고정한 후 봉제한다.

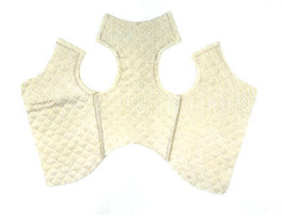

② 좌우옆선을 모두 봉제한 후 시접을 정리한다(오버록 또는 지그재그 봉제).

☑ **CHECK POINT**

원단이 얇은 경우 시접 두 장을 한꺼번에 오버록해도 되지만 원단이 두꺼울 경우 시접을 각각 오버록하여 가름솔로 처리하는 것이 좋다.

🐾 안감 만들기

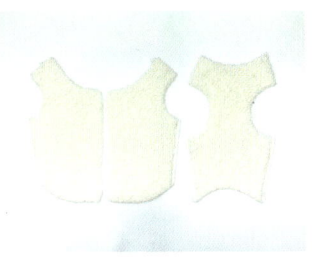

③ 안감은 원단이 두꺼우므로 등판, 배판의 옆선의 시접을 미리 오버록(지그재그 봉제) 한다.

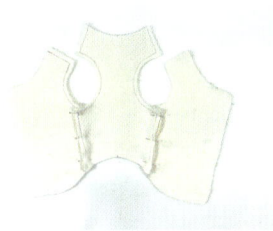

④ 안감 등판과 배판의 겉면끼리 마주보도록 옆선을 포개어 핀으로 고정한 후 봉제한다.

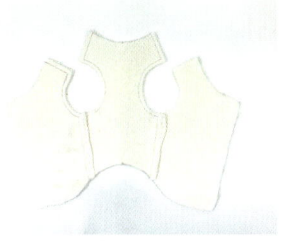

⑤ 시접을 가름솔로 벌려 다림질로 눌러준다.

⑥ 안감의 등판과 배판의 어깨선 시접을 오버록(지그재그 봉제)한다.

⑦ 겉감과 안감의 겉면끼리 마주보도록 포갠 후 소매 진동 둘레를 핀으로 고정하고 봉제한다.

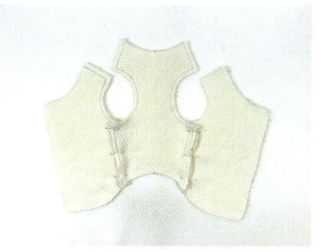

⑧ 소매 진동 둘레의 시접에 가위집을 준다.

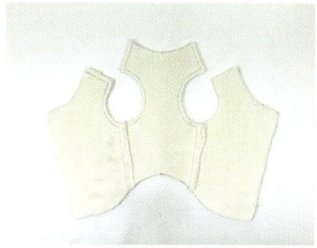

⑨ 겉으로 뒤집었을 때 시접이 두껍지 않도록 시접을 짧게 잘라낸다.

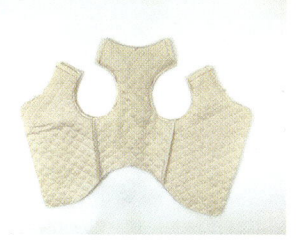

⑩ 소매 진동 둘레 시접을 모두 정리한 후 배판을 통해 겉면 쪽으로 뒤집는다.

⑪ 겉면이 겉으로 나오도록 뒤집은 모습.

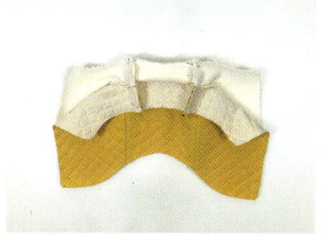

⑫ 등판과 배판의 어깨선을 봉제하되 겉감은 겉감끼리, 안감은 안감끼리 겉면이 마주보도록 포개어 봉제한다.

🐾 바이어스테이프 두르기

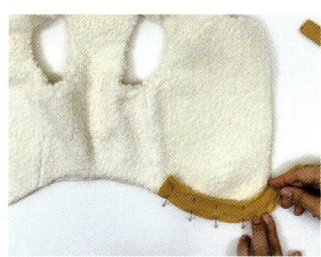

⑬ 몸판 안감쪽에서 테두리 전체에 바이어스테이프를 핀으로 고정한다.

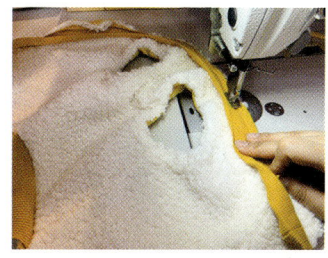

⑭ 시접안쪽 7~8mm선으로 테두리 전체를 봉제한다.

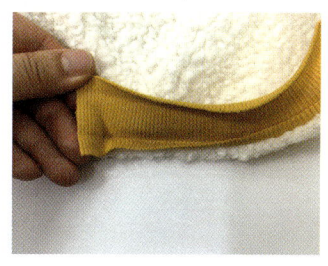

⑮ 바이어스테이프의 시작과 끝은 1cm의 시접을 남긴다.

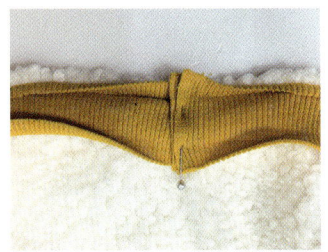  

⑯ 바이어스테이프의 시작과 끝의 시접을 한쪽 방향으로 꺾어 접는다.

⑰ 바이어스테이프로 끝선을 감싸 겉면 쪽으로 넘겨 핀으로 고정한다.

⑱ 겉면 쪽에서 1~2mm 상침으로 바이어스테이프를 눌러박는다.

⑲ 전체 테두리 바이어스테이프 두르기 완성.

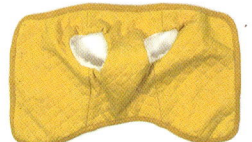

🐾 겉감 T단추 달기

⑳ 겉감쪽 우측 몸판에 T단추 위치를 표시하고 송곳으로 구멍을 뚫는다.

㉑ 압정모양의 T단추를 끼운다.

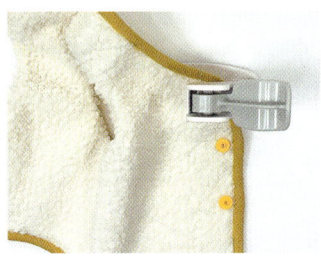

㉒ 반대편은 숫단추를 끼워 기구로 눌러 고정한다.

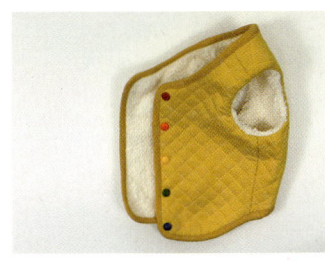

㉓ 겉감쪽 우측 배색디자인 T단추 달기 완성.

🐾 밑단시보리 달기

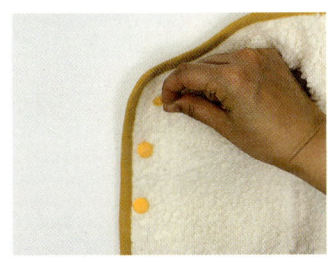

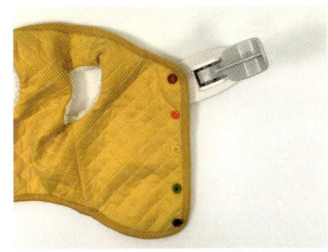

㉔ 안감쪽 우측 몸판에 송곳모양 T단추를 끼워준다.

㉕ 반대편에는 암단추를 끼우고 기구로 눌러 고정한다.

🐾 완성

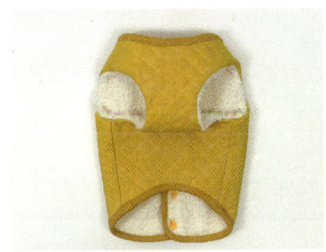

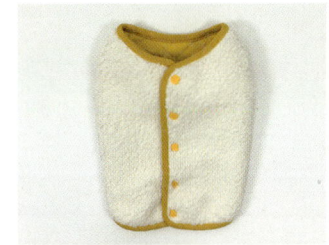

㉖ 완성(겉면 등판).

㉗ 완성(겉면 배판).

㉘ 완성(안쪽면 등판).

☑ CHECK POINT

T단추 특성과 테두리 바이어스 마감으로 양면으로 입힐 수 있다.

이지핏 체크코트 EASYFIT CHECK COAT

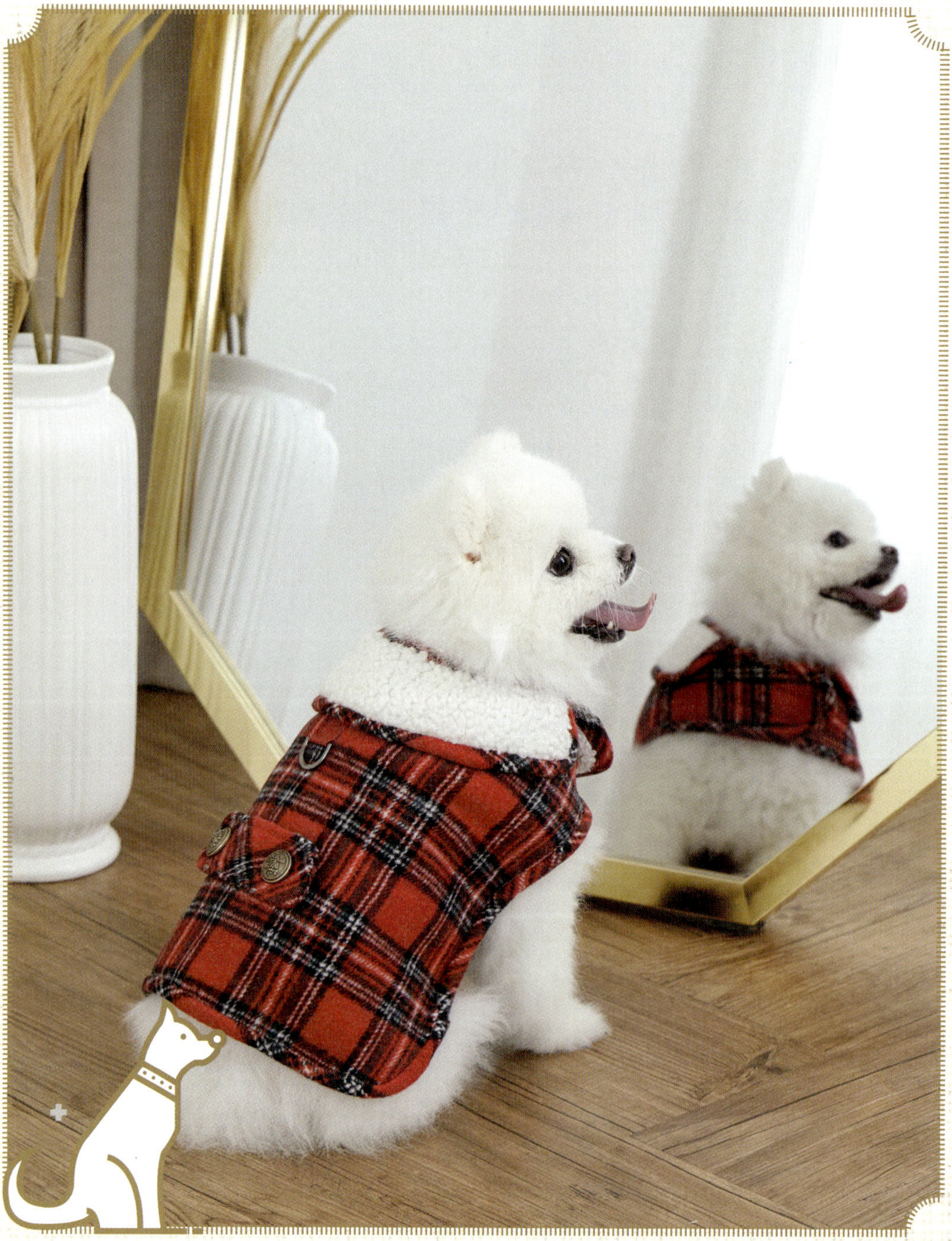

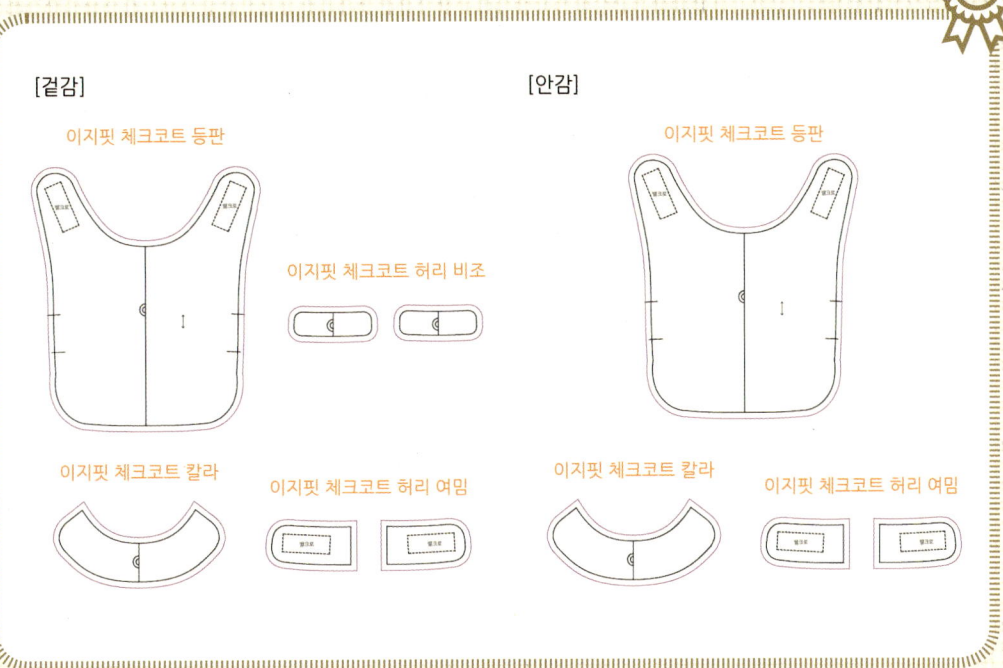

[겉감]

이지핏 체크코트 등판

이지핏 체크코트 허리 비조

이지핏 체크코트 칼라

이지핏 체크코트 허리 여밈

[안감]

이지핏 체크코트 등판

이지핏 체크코트 칼라

이지핏 체크코트 허리 여밈

🐾 재단물

겉감

칼라

허리여밈

허리비조

몸판감

안감

칼라

허리여밈

몸판감

🐾 부자재

벨크로 겉감컬러 1 SET

장식단추 2개

금속D링

테이프

벨크로 안감컬러 1 SET

바이어스테이프

① 허리비조감 두장을 겉면이 마주보도록 포개어 핀으로 고정한다.

② 한면을 창구멍으로 남기고 3면을 봉제한다.

③ 시접을 짧게 잘라내고 창구멍을 통해 겉면 쪽으로 뒤집는다.

④ 창구멍의 시접을 안으로 접어넣고 다림질로 비조의 모양을 잡아준다.

⑤ 안쪽 ¼선을 그려준다.

⑥ 그린 선을 따라 상침으로 봉제한다.

⑦ 허리비조 완성.

🐾 몸판+허리비조+단추달기

⑧ 몸판 허리부분 중심에 비조의 위치를 잡고 핀으로 고정한 후 장식단추 위치를 표시한다.

⑨ 손바느질로 장식단추를 달아 비조와 몸판을 함께 꿰메어 연결한다.

⑩ 비조와 장식단추 달기 완성.

🐾 D링 달기

⑪ D링에 테이프를 끼워 두줄을 겹친 후 뒷목 중심에 핀으로 고정한다.

⑫ 테이프의 길이는 칼라를 올려보아 D링이 칼라 밖으로 나오는 길이를 확인한다.

⑬ D링을 튼튼하게 고정하기 위해 십자박기로 상침한다.

☑ **CHECK POINT**

D링은 하네스 대용으로 사용할 수 있도록 달아주는 것이므로 최대한 튼튼하게 고정하고 반려견이 힘이 세거나 클 경우 목, 배여밈을 벨크로 이외에 버클 등으로 추가 여밈을 달아 사용하는 것이 좋다.

⑭ 겉감 칼라와 안감 칼라가 모두 겉면 쪽으로 나오도록 포개어 핀으로 고정한다.

⑮ 칼라 뒷면 쪽에서 칼라 둘레(목부분 제외)에 바이어스테이프를 핀으로 고정한다.

⑯ 시접 7~8mm 위치로 바이어스테이프와 칼라를 함께 봉제한다.

⑰ 바이어스테이프를 감쌀 때 시접이 두껍지 않도록 시접을 반절정도 잘라준다.

⑱ 겉면 쪽으로 바이어스테이프를 감싸접은 후 핀으로 고정한다.

⑲ 바이어스테이프 위 1~2mm 선으로 상침하여 고정한다.

🐾 허리여밈 만들기

⑳ 칼라와 동일한 방법으로 겉감과 안감의 허리여밈분 2장을 겉면이 겉면이 겉으로 나오도록 겹쳐 핀으로 고정한다.

㉑ 뒷면 쪽으로 몸판과 연결될 시접을 제외한 3면에 바이어스테이프를 봉제한다.

㉒ 바이어스 안쪽 시접이 두껍지 않도록 시접을 반절정도 잘라준다.

㉓ 바이어스테이프를 겉면 쪽으로 시접을 감싸 넘겨 핀으로 고정한 후 상침으로 봉제한다.

㉔ 동일한 방법으로 반대편 허리 여밈까지 총 2장을 완성한다.

🐾 허리여밈 벨크로 달기

☑ CHECK POINT

- 반려견의 배쪽으로 닿는 면에 벨크로의 부드러운 면쪽을 봉제해준다.
- 보통 벨크로가 튀지 않도록 바닥면과 동일한 컬러의 벨크로를 사용하지만 배색이나 무늬가 들어간 벨크로로 디자인 포인트를 줄 수도 있다.

㉕ 완성된 허리여밈 한쪽의 안쪽면에는 벨크로의 부드러운면을 다른 한쪽의 겉쪽면에는 거친면의 벨크로를 봉제해순다.

🐾 몸판 완성하기

㉖ 몸판 겉감과 안감의 겉면이 겉으로 나오도록 겹쳐 핀으로 고정하고 칼라도 목 중심에 올려 핀으로 고정한다.

㉗ 안감 쪽에는 허리 부분에 만들어놓은 여밈분을 양쪽에 핀으로 고정해준다.

㉘ 안감 쪽으로 몸판 전체 테두리에 바이어스테이프를 핀으로 고정한 후 봉제한다.

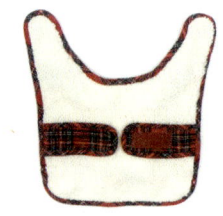

☑ **CHECK POINT**

바이어스테이프에 칼라와 허리여밈을 끼워물려 고정한다. 시접이 전부 잘 물려 봉제될 수 있도록 주의하여 봉제하자.

㉙ 바이어스테이프 봉제의 시작과 끝부분의 시접을 겹쳐 한쪽방향으로 접어준다.

㉚ 시접을 반절 정도 잘라낸 후 겉면 쪽으로 상침하여 몸판 전체에 바이어스테이프를 봉제한다.

🐾 목여밈 벨크로 달기

☑ **CHECK POINT**

안감과 겉감의 색이 다르므로 같은 색의 윗실과 밑실을 사용할 경우 밑실 쪽에서 봉제선이 보여 예쁘지 않다. 윗실은 겉감컬러로 밑실은 안감컬러로 봉제하면 봉제선이 보이지 않아 깔끔하다.

㉛ 안감쪽 우측 목여밈 부분에 안감컬러와 동일한 거친면의 벨크로를 상침으로 봉제한다.

㉜ 겉감쪽 우측 목여밈 부분에 반대 벨크로랑 여며질 수 있도록 부드러운 면의 벨크로를 봉제한다.

🐾 완성

㉝ 완성(등판).

㉞ 완성(배판).

making clothes 9

QR을 찍으면 만들기 강의 영상을 바로 보실 수 있어요!

우븐원피스 WOVEN DRESS

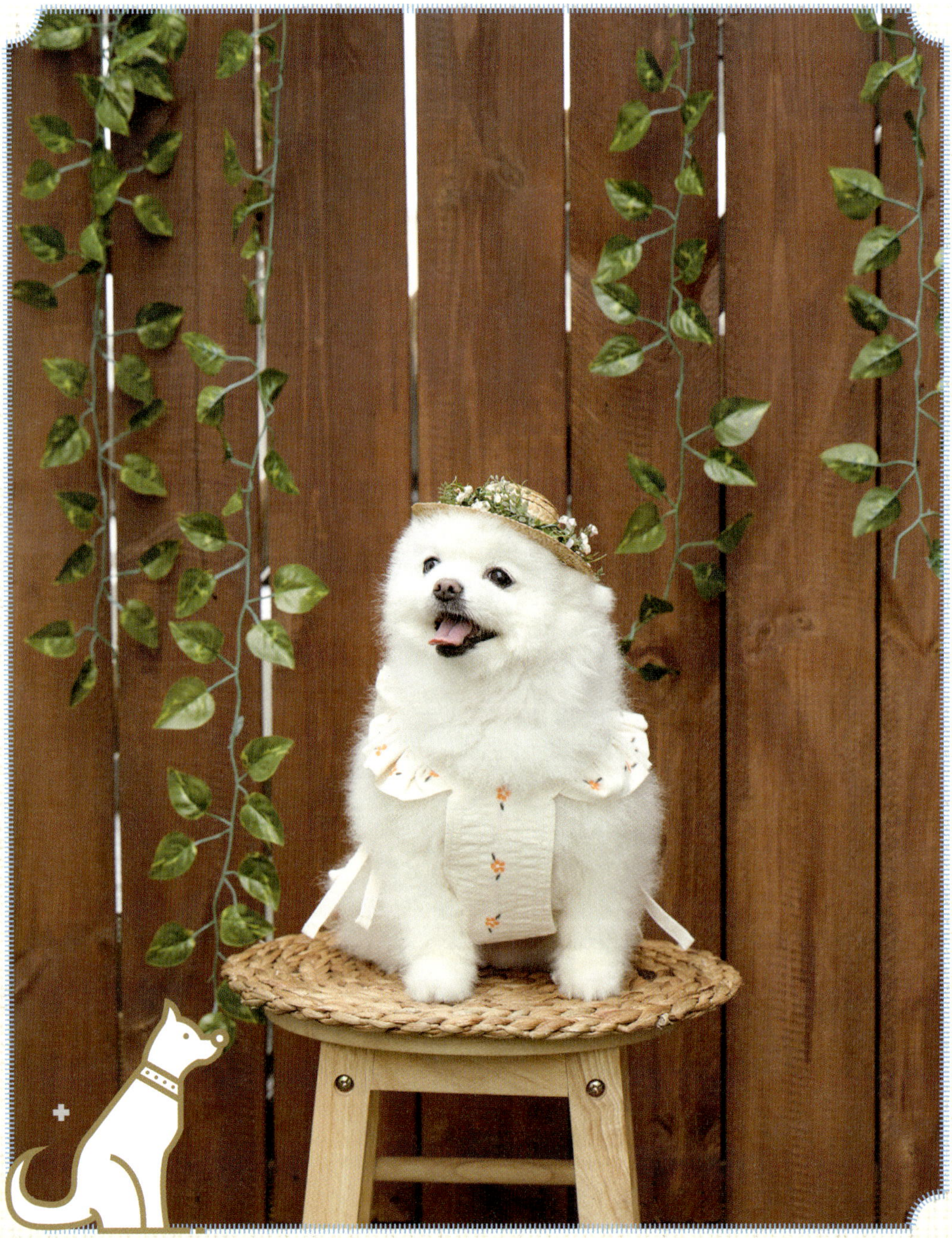

🐾 패턴

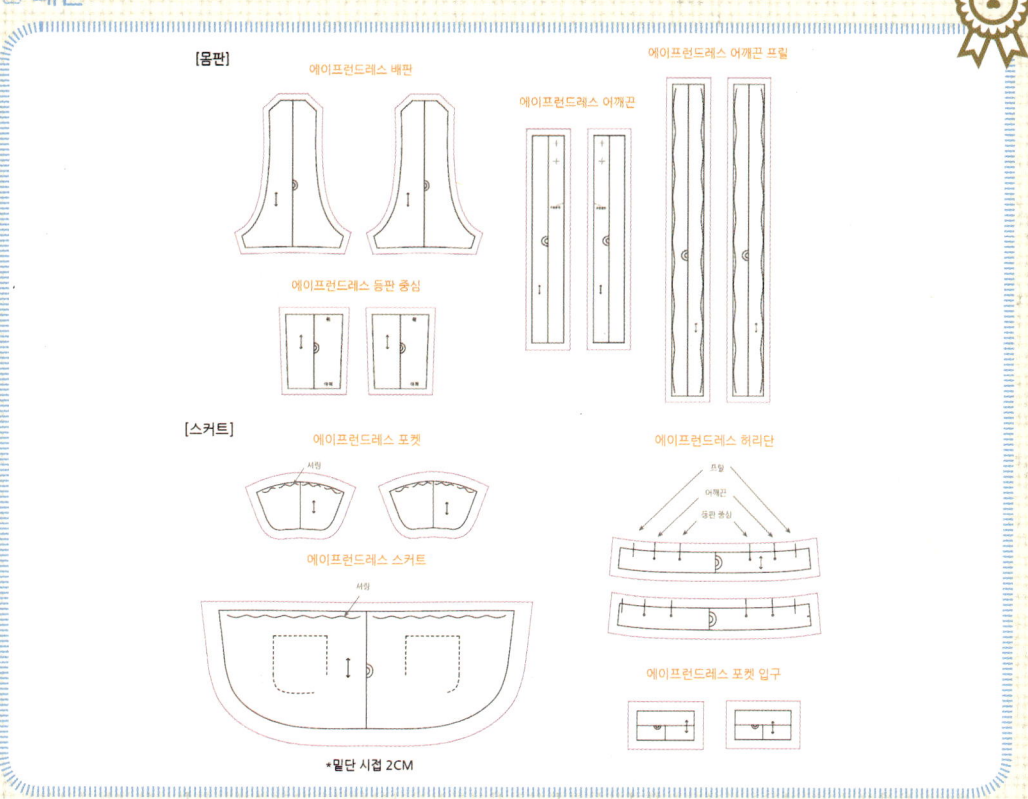

[몸판]

에이프런드레스 배판

에이프런드레스 어깨끈

에이프런드레스 어깨끈 프릴

에이프런드레스 등판 중심

[스커트]

에이프런드레스 포켓

에이프런드레스 허리단

에이프런드레스 스커트

에이프런드레스 포켓 입구

*밑단 시접 2CM

🐾 재단물

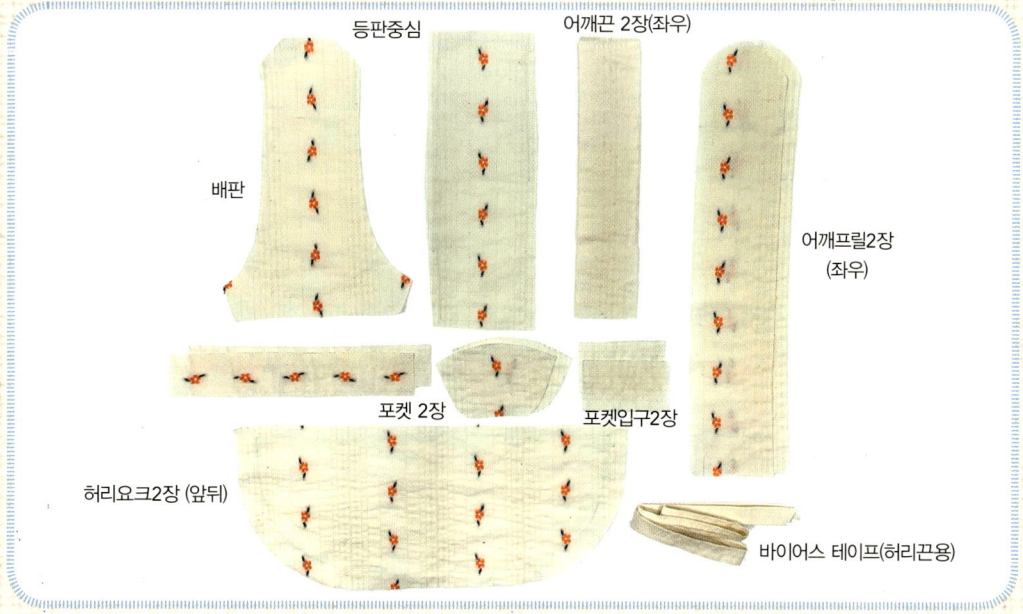

등판중심

어깨끈 2장(좌우)

배판

어깨프릴2장
(좌우)

포켓 2장

포켓입구2장

허리요크2장 (앞뒤)

바이어스 테이프(허리끈용)

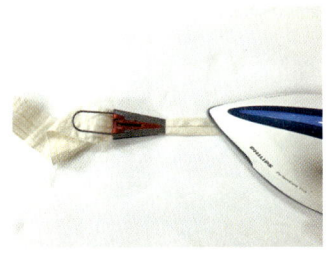

- 18MM 바이어스메이커를 사용하여 9MM폭 바이어스테이프를 여유 있게 만들어둔다.

🐾 등판 만들기

① 등판 중심감을 겉면이 안쪽으로 들어가도록 골선을 따라 반으로 접어 양쪽옆선을 핀으로 고정한다.

② 시접의 절반(5mm)위치에 봉제한다.(남은 5mm시접은 어깨선과 연결할 때 사용한다.)

⑯ 겉면 쪽으로 뒤집어 다림질로 모양을 잡는다.

🐾 어깨끈&어깨 프릴감 준비하기

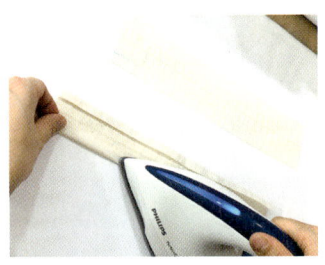

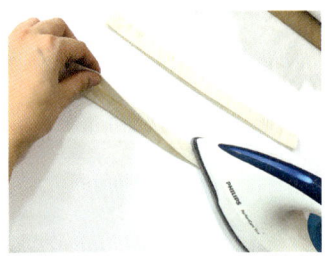

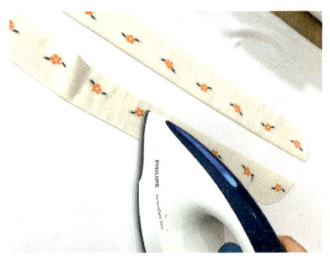

④ 시접을 안쪽으로 접어 다림질한다.

⑤ 또다시 절반을 접어 다림질한다.

⑥ 어깨프릴감도 반으로 접어 다림질한다.

⑦ 어깨끈 & 어깨프릴감 준비 완료.

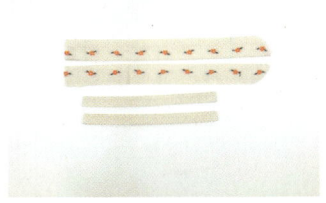

🐾 어깨프릴 만들기

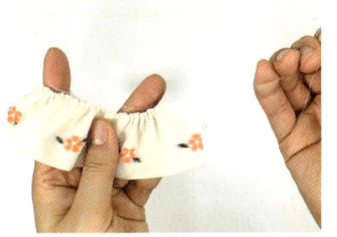

⑧ 어깨프릴감의 둥근 시접 라인 안쪽으로 처음과 끝에 되돌아박기 없이 가장 큰땀 크기로 봉제한다.

⑨ 양끝에서 윗실과 밑실을 분리하여 밑실을 조금씩 당겨 주름을 잡는다.

⑩ 양쪽 동일하게 프릴을 만든다.

🐾 어깨끈과 어깨프릴 연결하기.

☑ CHECK POINT

• 프릴끝 둥근부분은 배판 쪽과 연결되고 반대쪽은 스커트, 허리 요크와 연결된다.

• 배판과 연결되는 어깨끈은 시접 1cm을 남기고 어깨프릴을 연결한다.

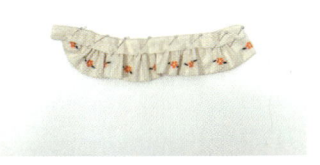

⑪ 어깨끈 시접사이에 프릴을 끼워 핀으로 고정한다.

⑫ 프릴이 골고루 분배되도록 위치를 잡아주고 어깨끈 끝 1~2mm 위치에 상침으로 봉제하여 어깨끈과 프릴을 연결한다.

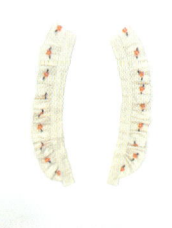

⑬ 어깨끈＋프릴 완성.

🐾 등판 상의 만들기

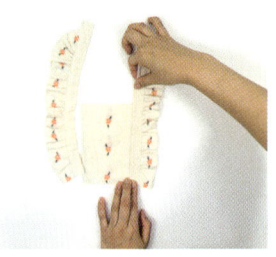

⑭ 등판 중심감 양쪽으로 어깨끈을 연결한다. 허리끈쪽 끝선을 맞춰준다.

⑮ 등판 중심을 만들 때 남겨두었던 5mm 시접 위로 어깨끈을 겹쳐 핀으로 고정한다.

⑯ 등판 중심과 연결된 어깨끈 끝 1~2mm 위치에 상침으로 봉제하여 등판 중심과 어깨끈을 연결한다.

🐾 허리끈 만들기

⑰ 미리 만들어 둔 바이어스테이프를 반으로 접어 끝선을 눌러박아 허리끈을 만든다.

☑ CHECK POINT

- 허리끈은 원하는 길이로 리본을 묶어보아 길이를 결정한다.
- 평균적으로 20~25cm 정도가 적당하다.

⑱ 동일한 길이로 4개를 자른 뒤 한쪽 끝을 두 번 접어박아 정리한다.

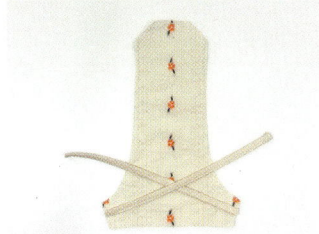

⑲ 배판감 겉장 위, 밑단 양쪽으로 완성 된 허리끈 시접을 연결한다.

⑳ 배판감 겉장 윗부분과 어깨끈 시접을 연결한다.

㉑ 양쪽 어깨끈 모두 핀으로 고정한다.

㉒ 배판감 두 장의 겉면이 마주 보도록 포개어 안쪽으로 어깨끈과 등판감이 모두 들어가도록 핀으로 고정한다.

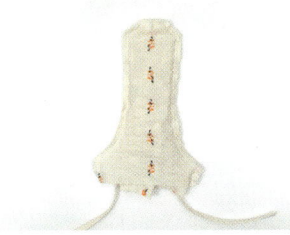

㉓ 안쪽의 어깨끈과 등판감이 함께물려 봉제되지 않도록 주의하며 밑단 한면을 뺀 모든 면을 봉제한다.

☑ CHECK POINT

배판을 봉제 후 뒤집었을 때 허리끈이 겉으로 나올 수 있도록 허리끈이 배판 두장 안쪽으로 들어가야한다. 방향에 주의하자.

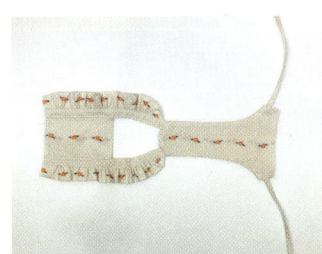

㉔ 겉면 쪽으로 뒤집어주면 배판과 등판 상의가 연결된다.

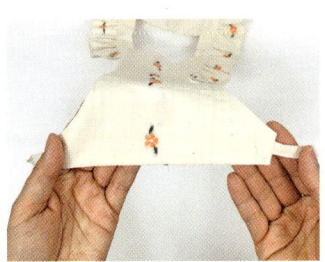

㉕ 배판 밑단 시접을 안쪽으로 접어 다림질한 뒤 상침으로 봉제하여 막아준다.

🐾 포켓 만들기

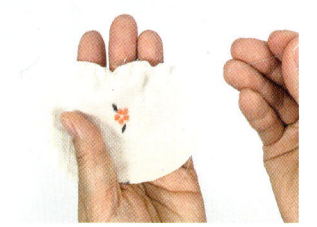

㉖ 포켓의 윗부분을 가장 큰땀으로 되돌아박기 없이 봉제한 후 밑실을 당겨 주름을 잡아준다.

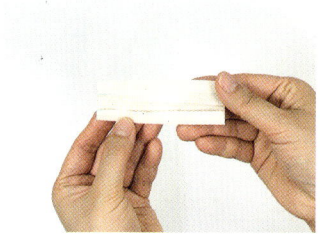

㉗ 포켓 입구감 시접을 안쪽으로 접어 다림질한다.

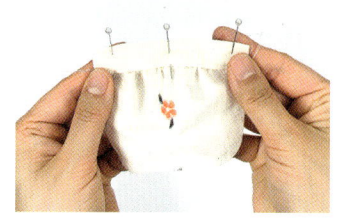

㉘ 포켓 입구감으로 주름을 잡은 포켓 윗부분 시접을 감싸 핀으로 고정한 후 끝 1~2mm라인으로 상침하여 고정한다.

☑ CHECK POINT

뒤집기 전 모서리 부분의 시접을 짧게 잘라내면 뒤집었을 때 더욱 깔끔하게 모서리 모양을 살릴 수 있다.

㉙ 동일한 방법으로 포켓 두개를 만들고 시접을 정리한 후 뒤쪽으로 접어 다림질로 완성 모양을 만든다.

🐾 스커트만들기

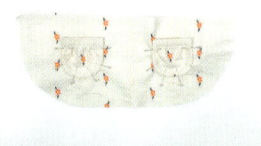

㉚ 스커트 위 포켓위치를 표시하고 포켓을 핀으로 고정한 후 끝 1~2mm 위치로 상침하여 고정한다.

㉛ 스커트에 포켓달기 완성.

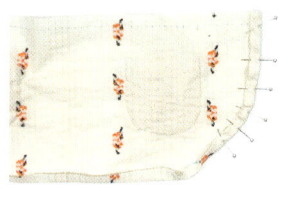

㉜ 스커트단을 두번 접어 다림질로 모양을 잡아준 뒤 핀으로 고정해 봉제한다.

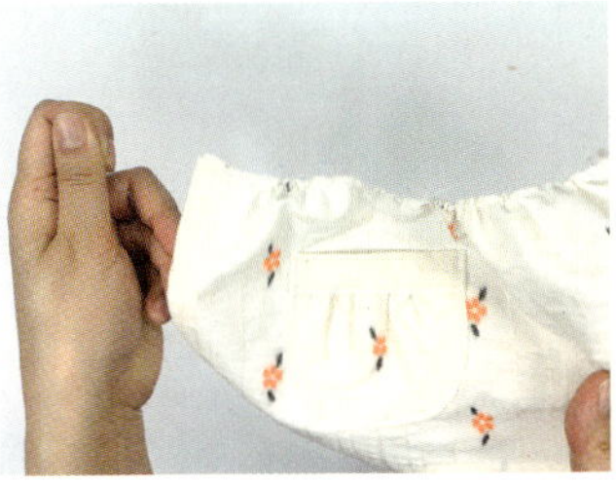

㉝ 스커트 위 포켓위치를 표시하고 포켓을 핀으로 고정한 후 끝 1~2mm 위치로 상침하여 고정한다.

CHECK POINT

배판을 봉제 후 뒤집었을 때 허리끈이 겉으로 나올 수 있도록 허리끈이 배판 두장 안쪽으로 들어가야 한다. 방향에 주의하자.

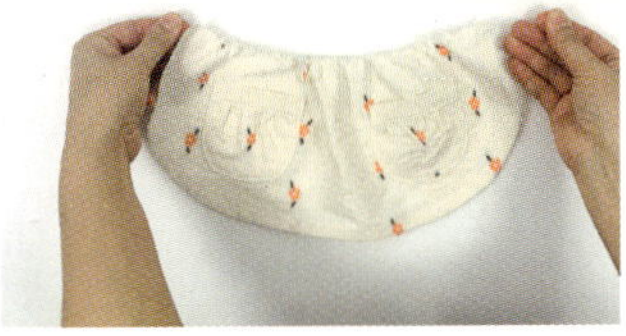

㉞ 양쪽으로 밑실을 당겨 주름이 전체적으로 골고루 분배되도록 만져준다.

허리 요크달기

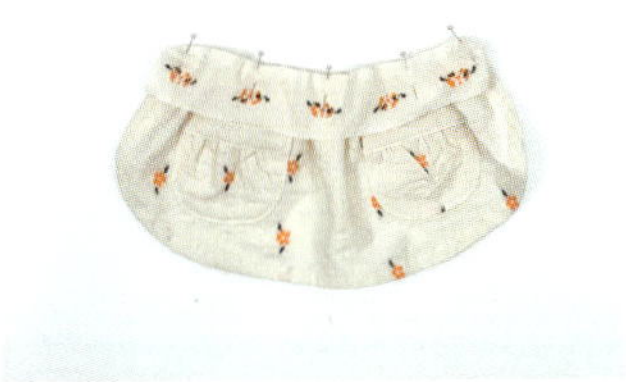

㉟ 허리요크감 두장이 겉면끼리 마주보도록 포갠 후 두장 사이에 스커트를 끼워넣고 윗단을 핀으로 고정한 후 3장을 함께 봉제한다.

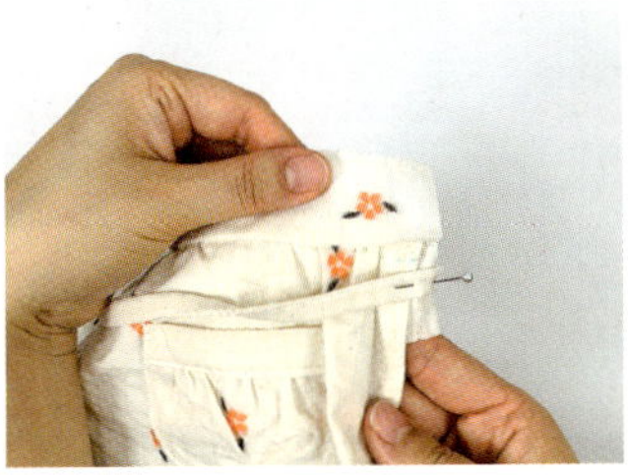

㊱ 요크감 양쪽 옆선 중앙에 허리끈 시접을 끼워 고정한다. 허리끈이 몸판 안쪽으로 들어오도록 고정한다.

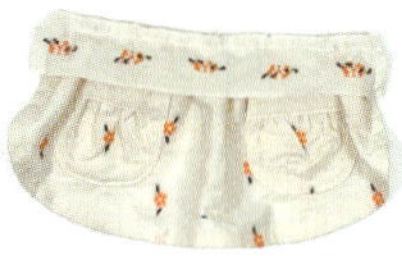

㊲ 요크옆선을 박아 허리끈을 고정해준다.

CHECK POINT

요크를 뒤집기 전 모서리 부분의 시접을 짧게 잘라내면 뒤집었을 때 더욱 깔끔하게 모서리 모양을 살릴 수 있다.

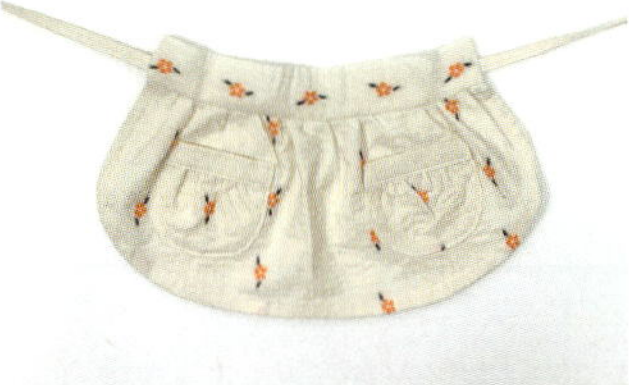

㊳ 허리요크를 겉면 쪽으로 뒤집어준다.

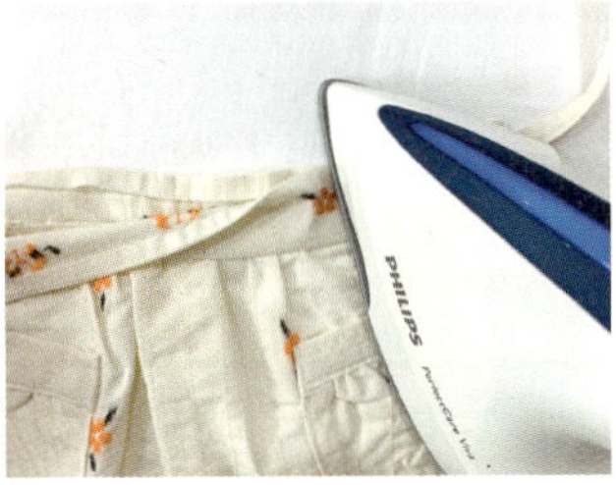

㊴ 요크위쪽 시접을 안쪽으로 접어 다림질로 모양을 잡아준다.

ⓐ 몸판 상의를 요크사이에 끼
  워넣어 중심을 맞춘 후 전체
  적으로 핀으로 고정해준다.

ⓑ 요크 윗부분을 1~2mm 상
  침으로 봉제하여 상의와 스
  커트를 붙여준다.

🐾 완성

ⓒ 우븐스커트 완성(뒷면).

ⓓ 우븐스커트 완성(앞면).

QR을 찍으면 만들기 강의
영상을 바로 보실 수 있어요!

스쿨룩 SCHOOL LOOK

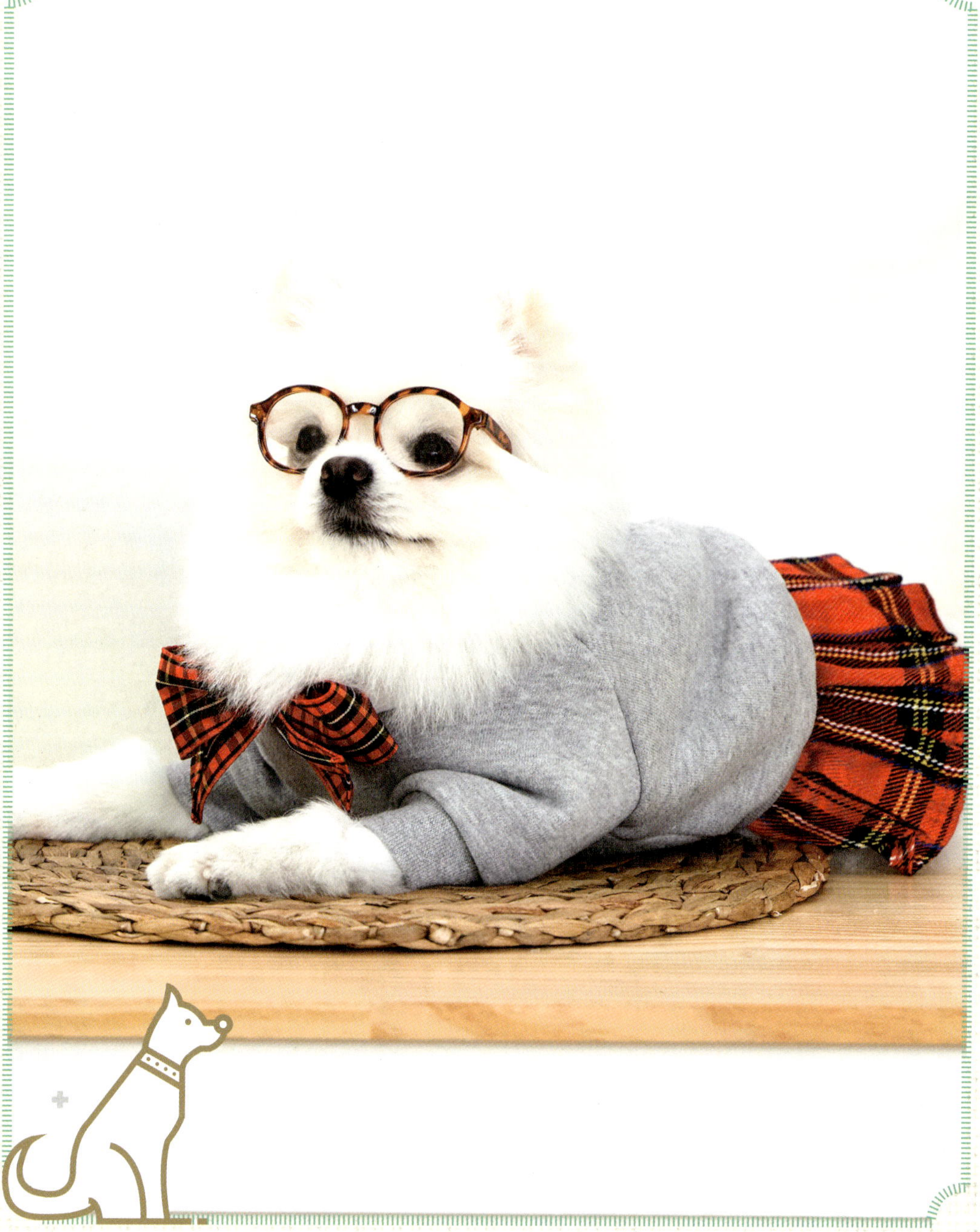

🐾 패턴

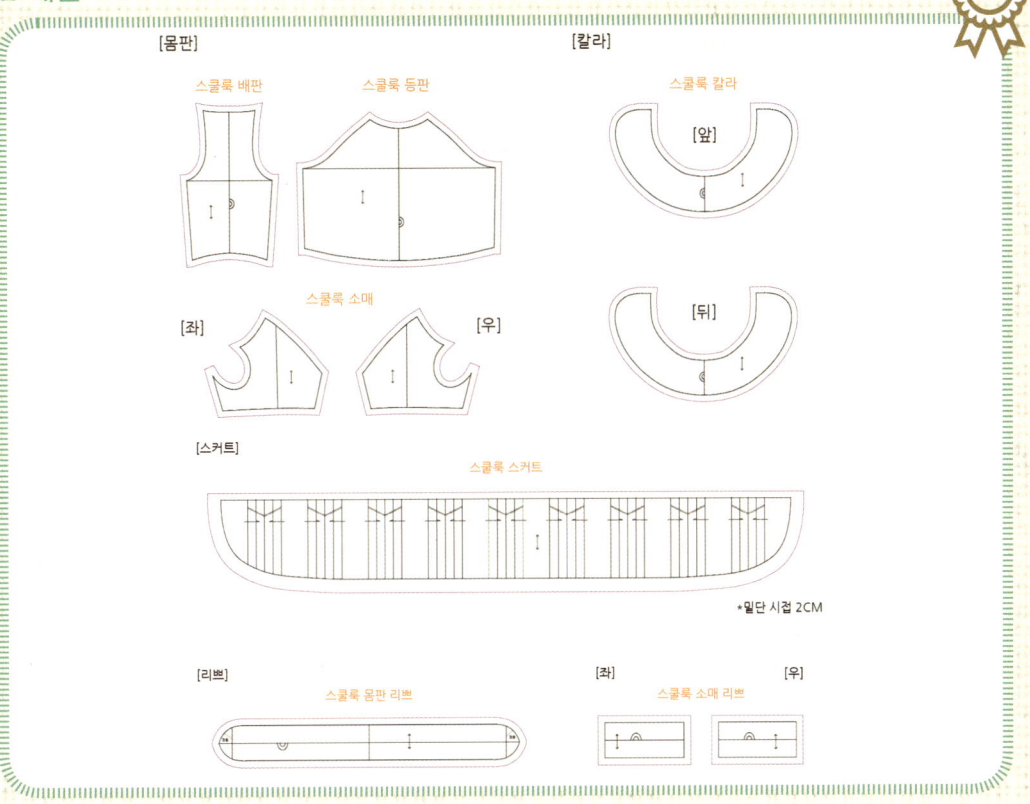

[몸판]

스쿨룩 배판　　스쿨룩 등판

[칼라]

스쿨룩 칼라

[앞]

스쿨룩 소매

[좌]　　　　　[우]

[뒤]

[스커트]

스쿨룩 스커트

＊밑단 시접 2CM

[리브]

스쿨룩 몸판 리브

[좌]　　　　　[우]

스쿨룩 소매 리브

🐾 재단물

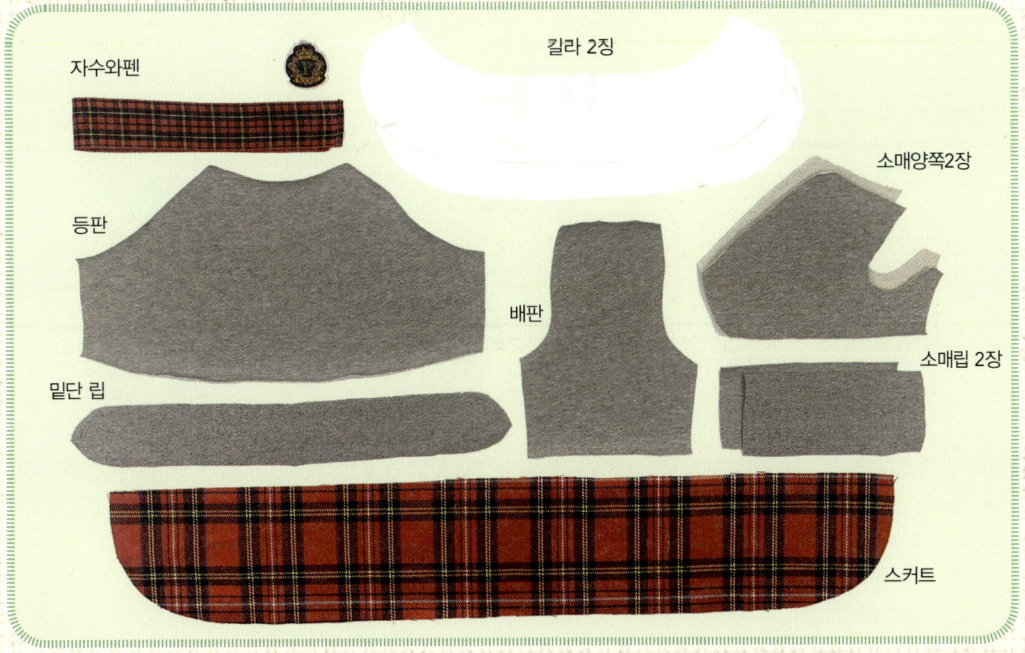

자수와펜

칼라 2징

등판

배판

소매양쪽2장

밑단 립

소매립 2장

스커트

① 몸판 봉제 전 등판에 자수 와펜을 먼저 붙여준다.

② 등판 우측상단에 와펜 위치를 잡고 상침으로 테두리를 박아 고정한다.

🐾 소매만들기

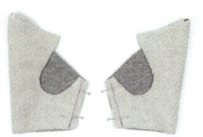

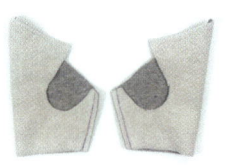

③ 소매 겉면이 안쪽으로 들어가도록 소매를 접어 옆선을 핀으로 고정한 후 봉제한다.

④ 양쪽 소매옆선을 모두 봉제한 후 시접을 정리한다(오버록 또는 지그재그 봉제).

⑤ 소매립의 겉면이 안쪽으로 들어가도록 반으로 접어 옆선을 핀으로 고정한 후 봉제한다.

⑥ 시접을 가름솔로 벌린 후 겉면이 바깥으로 나오도록 반을 접어 다림질로 모양을 잡아준다.

⑦ 소매립을 소매단 속으로 넣어 시접끼리 모아준 후 소매옆선과 소매립 옆선이 연결되도록 선을 맞추어 핀으로 고정한다.

⑧ 봉제선 핀을 기준으로 4등분 지점을 핀으로 고정한 후 립과 소매를 함께 봉제한다.

⑨ 양쪽 소매단 모두 봉제한 후 시접을 정리한다(오버록 또는 지그재그 봉제).

⑩ 소매 완성.

🐾 몸판 만들기

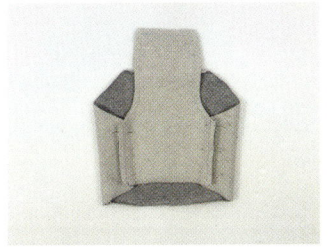

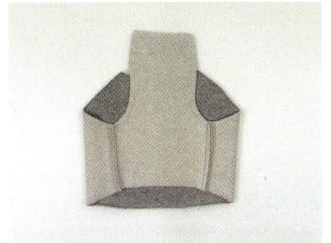

⑪ 등판과 배판 겉면끼리 마주 보도록 포개어 옆선을 맞춰 핀으로 고정한 후 봉제한다.

⑫ 봉제한 몸판 옆선 시접을 정리한다(오버록 또는 지그재그 봉제).

⑬ 소매와 몸판 모두 겉면으로 뒤집어 소매의 좌우 위치를 확인한다.

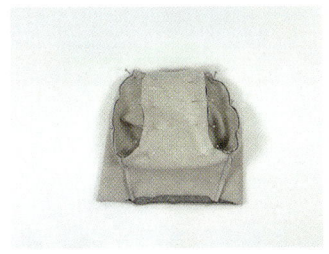

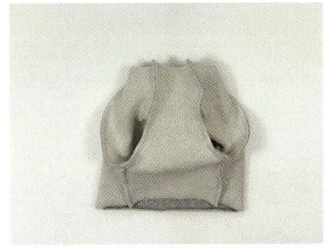

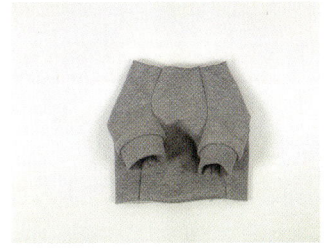

⑭ 소매봉제선과 몸판 겨드랑이점을 맞춰 핀으로 고정하고 소매둘레 전체를 촘촘히 핀으로 고정하여 봉제한다.

⑮ 봉제한 시접을 정리한다(오버록 또는 지그재그 봉제).

⑯ 몸판 완성.

⑰ 스커트 끝단 시접 2cm의 절반을 접어 다림질로 모양을 잡아준다.

⑱ 스커트 끝단을 한번 더 접어 다림질로 모양을 잡아준다.

⑲ 두번 접은 시접을 상침으로 눌러박아 봉제한다.

⑳ 스커트 밑단 접어박기 완성.

🐾 스커트 맞주름 잡기

 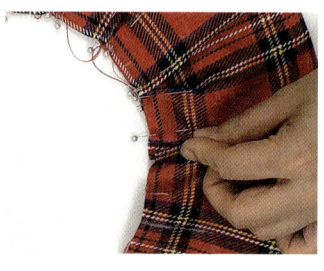 

㉑ 패턴에서 주름을 잡을 표시선을 초크(초자고)등으로 원단에 옮겨 표시한다.

㉒ 양쪽의 노란선 부분을 접어 가운데 파란선 부분에서 만나도록 맞주름을 잡는다.

㉓ 스커트 전체에 같은 방법으로 맞주름을 잡아 핀으로 고정한다.

㉔ 맞주름을 시접에서부터 4~5cm 정도 상침으로 눌러 박아 고정해준다.

㉕ 맞주름 전체를 일정한 길이로 눌러 박아준다.

㉖ 다림질로 스커트를 정리해준다.

㉗ 스커트 완성.

☑ **CHECK POINT**

봉제로 누르지 않은 아래쪽 스커트 부분은 납작하게 눌러 다리지 말고 스팀으로 살짝만 눌러 정리해준다.

🐾 **몸판에 밑단립, 스커트 달기**

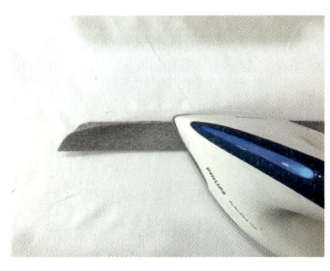

㉘ 밑단립을 반으로 접어 다림질로 모양을 잡아준다.

㉙ 밑단립에 표시해둔 겹침분 너치를 맞춰 겹침분 중심과 배판밑단중심을 맞춰준다.

㉚ 겹침분 중심을 기점으로 4등분 지점을 핀으로 고정한다.

㉛ 밑단 시보리를 골고루 늘려 가며 전체적으로 핀으로 고정한다.

㉜ 스커트겉면이 안쪽으로 들어가도록 몸판 밑단과 연결하되 스커트 시작과 끝은 몸판 옆선과 맞춘다.

㉝ 몸판밑단과 밑단립, 스커트 시접을 한번에 봉제하도록 핀으로 고정한다.

㉞ 봉제한다.

㉟ 시접을 정리한다(오버록 또는 지그재그 봉제).

㊱ 몸판과 스커트가 연결되었다.

🐾 칼라 만들기

㊲ 칼라 두 장을 겉면이 마주보도록 포개어 목시접을 제외한 둘레를 봉제한다.

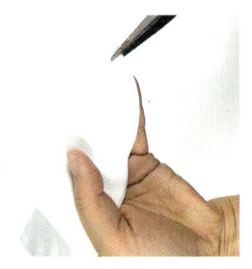

㊳ 칼라 모양이 예쁘게 잡히도록 둥근부분의 시접에 가위집을 준다.

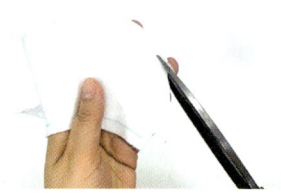

㊴ 전체적으로 시접을 반절 정도 잘라낸다.

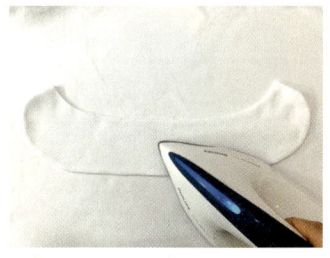

☑ CHECK POINT

목둘레 시접이 몸판과 칼라 사이로 들어가도록 칼라를 몸판 안쪽으로 넣어 봉제 한다.

㊵ 겉면 쪽으로 뒤집어 모서리 모양이 예쁘게 나오도록 모 양을 잡아 다림질한다.

㊶ 몸판의 앞목중심에서 칼라 의 시작과 끝점이 만나도록 핀으로 고정하고 칼라의 중 심과 몸판의 뒷목 중심점을 맞춰 핀으로 고정한다.

㊷ 목둘레 전체에 골고루 핀으 로 고정한 후 봉제한다.

㊸ 시접을 정리한다(오버록 또 는 지그재그 봉제).

㊹ 몸판에 칼라달기 완성.

🐾 앞목에 리본달기

☑ CHECK POINT

리본을 바느질로 몸판에 봉 제하여 고정할 수도 있고 옷 핀 등을 리본 뒤에 붙여 세 탁시 탈착할 수 있도록 만들 수도 있다.

㊺ 리본테이프의 양끝을 접어 박아 정리한 후 리본을 묶어 준다.

㊻ 손바느질로 앞목 중심에 리 본을 달아준다.

㊼ 리본달기 완성.　　㊽ 스쿨룩 완성(앞면).　　㊾ 스쿨룩 완성(뒷면).

| 저자 약력 |

두민지

- 건국대학교 의상학과 졸업
- (주)이랜드 공채입사 / (주)지오다노 / (주)제일모직 디자이너

- (현)펫데렐라프로젝트 대표 / (주)펫데렐라컬쳐 대표

- KBS반려동물교육원 펫패션 강의
- 국제패션디자인학교 펫패션 강의
- 씨티칼리지 펫패션 교수

PETDERELLA
PROJECT

WWW.PETDERELLA.COM

펫패션 디자이너

2022년 09월 23일 초판 1쇄 인쇄 | 2022년 09월 30일 초판 1쇄 발행

저자 두민지 | **발행인** 장진혁 | **발행처** (주)형설이엠제이
주소 서울시 마포구 월드컵북로 402 KGIT 상암센터 1212호 | **전화** (070) 4896-6052~3
등록 제2014-000262호 | **홈페이지** www.emj.co.kr | **e-mail** emj@emj.co.kr
공급 형설출판사

정가 26,000원

ⓒ 2022 두민지 All Rights Reserved.

ISBN 979-11-91950-13-7 13590

PET FASHION DESIGNER